MERIAN *momente*

W0059413

LISSABON

SIMONE KLEIN

Die Reiseführer-App von MERIAN *momente*, ab Mai 2014 im Apple App Store und bei Google Play.

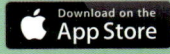

Zeichenerklärung

 barrierefreie Unterkünfte
👨‍👧 familienfreundlich
🕐 Der ideale Zeitpunkt
🚩 Neu entdeckt
📑 Faltkarte

Preisklassen

Preise für ein Doppelzimmer mit Frühstück:

€€€€ ab 260 €   €€€ ab 160 €
€€ ab 80 €   € bis 80 €

Preise für ein dreigängiges Menü:

€€€€ ab 35 €   €€€ ab 24 €
€€ ab 12 €   € bis 12 €

LISSABON ENTDECKEN 4

LISSABON ERLEBEN 20

LISSABON ERKUNDEN 50

DAS UMLAND ERKUNDEN 128

LISSABON ERFASSEN 134

KARTEN UND PLÄNE

Hommage an die Abenteuer der Entdecker:
Padrão dos Descobrimentos (▶ S. 106).

LISSABON
ENTDECKEN

MEIN LISSABON

Sich in Lissabon zu verlieben scheint leicht. Wer die Viertel auf den Hügeln entlang des Tejo durchstreift, erlebt die ganze Vielfalt der Stadt. Das Lissabon von heute ruht aber nicht in der Vergangenheit, sondern entwirft sich immer wieder neu, ist jung und kreativ.

Lissabon sehen und erleben – hat das nicht etwas von dem Zauber einer Liebesgeschichte? Ja, Lissabon macht sie ganz leicht: die Liebe auf den ersten Blick. Verführerisch schmiegt sie sich an den Hügeln des Tejo entlang, das erste Licht erklimmt am frühen Morgen langsam eine Erhebung nach der anderen, Haus für Haus beginnt im Sonnenlicht zu leuchten. Der Tejo, der sich hier nah an der Mündung in den Atlantik weitet und eine Ahnung vom Meer schenkt, reflektiert das Blau des Himmels und das Licht der Sonne. Sogar die Kacheln reflektieren das Licht. Lissabon strahlt, auch wenn der Putz bröckelt und die Farbe abplatzt. Lisboa, diese alte Stadt, ist eine Verführerin der kleinen Gesten. Auch wenn im Tageslicht dann alles offen zu liegen scheint, ist doch immer noch vieles verbor-

◄ Fantastischer Blick über Stadt und Tejo
am Miradouro Portas do Sol (► S. 58).

gen. Verborgen am Rande steiler Gassen, die erklommen werden wollen, im Sommer oft schweißtreibend, im Winter im Regen oft mit durchnässten Schuhen, weil das Wasser in Sturzbächen die Treppen hinabschießt. Es gibt Regenrinnen, in denen sich das Wasser kanalisiert, ja, aber sie enden zumeist oberhalb des Bürgersteigs. Wahrscheinlich bewusst, damit die Stadt sich so selbstständig von Unrat und Müll befreien kann.

DIE MAGIE DER FARBEN

Im Frühjahr verzaubert Lissabon mit einem Blütenmeer: Als Erstes öffnen sich die Blüten der Judasbäume, die an japanische Kirschen erinnern. Dann verströmen die Orangenblüten vor allem am Abend ihren sinnlich-zarten Duft, und schließlich erklingt im Mai die Sinfonie der Jacarandas, die die Straßen und Plätze der Stadt in Lila taucht, während auch die Bougainvilleen bereits knallig-bunte Tupfer setzen. Irgendwo gibt es einen verborgenen Maler … mindestens einen.
Was schreibe ich da! Lissabon vibriert vor Kreativität. Für Graffitikünstler hat die Stadt eine ungeheure Attraktivität. Leer stehende Häuser, Mauern, Fabrikwände werden mit Graffitis gestaltet. Sie sind zu einem neuen Markenzeichen der Stadt geworden, und der Bürgermeister fördert die Street Art mit dem Projekt der »Galeria Arte Urbana« sogar gezielt.
Lissabon hat so viele Facetten, ist so reich an Kontrasten – im Chiado mondän-weltgewandt, betont schick, in der Alfama einfach gekleidet, eher verharrend, ein wenig gar der Zeit den Rücken zuwendend. Immer wieder ergeben sich neue Aussichten von den Anhöhen, Miradouros genannt, auf die Schöne, deren Körper dem Betrachter zu Füßen liegt, mit all ihren Wölbungen.

LICHTES UND DUNKLES

Eine Liebe, die es leicht macht? Ja, und doch auch Nein. Ein Nein, das viel schwieriger zu benennen ist als das Ja. Schließlich geht hier viel vorwärts. Visionen für die Stadt wurden vorangebracht, und sie wird zunehmend schöner. Weshalb also ein Nein? Es ist nicht leicht, eine Stadt zu lieben, in der die Armen sehr wenig Perspektiven finden, in der es zu wenig gesellschaftliche Mitte gibt, eine Stadt, in der die Armut so selbstverständlich und alltäglich zu sein scheint wie der Reichtum. Auch hier gibt es Entwicklungen, die Hoffnung schenken, wie in der Mouraria, einem Viertel, in dem die Menschen vor einigen Jahren noch marginalisiert und mit ihren Problemen weitgehend allein gelassen waren. Es gibt hier einen deutlich erkennbaren Aufbruch, wie anderswo auch. Dennoch entsteht kaum bezahlbarer Wohnraum. Nach wie vor konnte die Tendenz nicht gestoppt werden, dass die Bevölkerung aus der Stadt in die Vororte zieht. Allein zwischen 2001 und 2011 verlor Lissabon rund 17 000 Bewohner, obwohl im gleichen Zeitraum fast 31 000 Wohnungen geschaffen wurden. Wenn saniert wird, dann überwiegend luxuriös. Dies ist eine subtile und strukturelle Form von Ausgrenzung. Eine so schöne Stadt sollte allen offen stehen, sie sollte integrativ und durchlässig sein.

WEGE, LISSABON ZU ERLEBEN

Es gibt zwei zentrale Möglichkeiten, die Stadt für sich zu entdecken. Die eine ist, sie am Fenster der wunderbaren alten Straßenbahnen an sich vorbeigleiten zu lassen. Hier gibt es drei Varianten: einmal die Fahrt mit der »12« um den Burghügel herum, beginnend und endend an der Praça da Figueira. Dann die Fahrt mit der viel gepriesenen »28«, wofür ich eher den Abend empfehlen würde, da sie tagsüber oft mehr einer prall gefüllten Sardinenkonserve ähnelt – und das ist wenig vergnüglich. Dennoch hat man auch untertags manchmal das Glück, eine relativ leere »28« zu erwischen, z. B. oben am Largo da Graça, wo sie startet, für die kürzere Strecke bis zur Basílica da Estrela. Die »28« lässt sich gut mit der »25« kombinieren. Sie überwindet nicht so extreme Steigungen wie das Prachtstück, fährt nicht durch die engen Gassen der Alfama, wo die Bahn den Hauswänden teils so nahe kommt, dass die Passagiere sie mit den Händen berühren können. So ist die »25« noch ein normales Verkehrsmittel für die Lissabonner geblieben. Beide Trams befahren im Westen zwischen dem Friedhof Prazeres mit seiner eindrucksvollen Gräberstadt unter Zypressen und der Basilica da Estrela die gleiche Strecke. Man nimmt also am besten die »28« ganz nach Westen und steigt dort in die »25« um, die durch Lapa, Madragoa und Baixa bis zum Fuße der Alfama fährt.
Der andere Blick auf die portugiesische Metropole ist der vom Wasser aus. Es gibt keine Perspektive, aus der sich die Pracht der Stadt stärker entfaltet als vom Tejo aus. Wie Venedig ohne die Lagune undenkbar ist und vom Wasser her gesehen werden will, so gilt dies auch für Lissabon. Wenn man in eine der Fähren am Cais do Sodré einsteigt und hinüber nach Cacilhas schippert, öffnet sich das Panorama der Hügel wie ein Fächer, mit dem Burghügel und der Kuppel des Pantheon markant am östlichen Rand, der Brücke des 25. April im Westen und ganz im Hinter-

grund der Atlantik. Lissabon ist über Jahrhunderte stets am Fluss entlang gewachsen, immer in seiner Nachbarschaft geblieben, nah an dieser Lebensader, die Waren und Menschen herbeitransportiert hat. Erst im späten 19. Jh. hat sich die Stadt nach Norden ausgedehnt.

DAS WESENTLICHE KURZ ZUSAMMENGEFASST

Wenn Sie nur für zwei Tage in Lissabon sind, würde ich empfehlen, das Hieronymuskloster mit dem Kreuzgang zu besichtigen, mit der Straßenbahn Nr. 28 zum Castelo São Jorge zu fahren, sich dieses anzuschauen und von dort durch die Alfama zum Tejo hinunterzulaufen, am besten zur Praça do Comércio und von dort über die Ribeira das Naus zum Cais do Sodré, wo Sie eine der Fähren nach Cacilhas nehmen können, wenn Sie den Blick vom Tejo auf Lissabon erleben möchten.

Ein kleiner Spaziergang führt durch die Viertel Baixa zum Rossio und von dort hinauf in den Chiado. Man sollte es sich nicht entgehen lassen, einen Blick in das historische Café A Brasileira zu werfen, dort eine »bica«, den Espresso, zu trinken, einen Abstecher zum Largo do Carmo und zum Elevador Santa Justa zu machen und von hier aus das Bairro Alto mit seiner prächtigen Kirche São Roque zu erkunden. Anschließend gibt es zwei gleichermaßen schöne Alternativen: Entweder Sie gehen zum Aussichtspunkt Alto de Santa Catarina mit seiner Aussicht weit bis nach Westen oder zum Miradouro São Pedro de Alcântara mit einem Abstecher in den dortigen Solar do Vinho do Porto. Und eine Ginjinha sollten Sie auch kosten, den Sauerkirschlikör. Dies empfiehlt sich vor allem bei atlantischen Tiefdruckgebieten über der Stadt, mit endlosem Regen und Sturm. Die hiesigen Trinker haben für solches Wetter ihren eigenen Trinkspruch kreiert: »Strömender Regen, wachsende Traurigkeit, da hilft nur Branntwein, die Wunden zu waschen.« Ich hoffe aber sehr, dass keine Traurigkeit aufkommt und dass keine Wunden gewaschen werden müssen, sondern dass Lissabon für Sie all seinen Zauber entfaltet. Und ich hoffe auch, dass dieser Reisebegleiter dazu beiträgt, mit Lissabons Schönheit und Magie in Berührung zu kommen.

DIE AUTORIN

Simone Klein ist Diplomjournalistin, lebt seit Herbst 2004 in Lissabon und bringt seither den Besuchern bei besonderen Stadtspaziergängen (www.luaverde.com) die vielen Facetten der Stadt näher, die sich als eine sehr lebendige Metropole erweist. Bei der Recherche zu diesem Reiseführer hat die Autorin viel Neues, Schönes und Spannendes entdeckt: vor allem das kreative Potenzial Lissabons.

MERIAN TopTen

Diese Höhepunkte sollten Sie sich bei Ihrem Besuch auf keinen Fall entgehen lassen: Ob die Alfama, Sintra oder das Castelo São Jorge – MERIAN präsentiert Ihnen hier die wichtigsten Sehenswürdigkeiten Lissabons.

1 Alfama

Lissabons älteste Gassen und Häuser, mal dunkel, mal licht, über dem Tejo schwebend und von Heiligen beschützt (▶ S. 54).

2 Castelo São Jorge

Auf den ältesten und höchstgelegenen Mauern der Stadt spazieren gehen, mit immer wieder neuen Aussichten auf Lissabon und den Tejo (▶ S. 54, 55).

3 Elevador Santa Justa

Ein Aufzug, der ein Schmuckstück der Stadt ist, funktional und doch aller Funktionalität entrückt in seinem eisernen Pomp ruhend (▶ S. 65).

4 Igreja de São Roque

Lissabons prachtvollste Kirche, einem französischen Heiligen geweiht und mit einem italienischen Meisterwerk im Inneren ausgestattet (▶ S. 90).

5 Hieronymuskloster in Belém

Der steingewordene Traum des 16. Jh., in dem sich Hoffnung und Reichtum der Portugiesen als Weltmacht manifestieren (▶ S. 104, 105).

6 Oceanário

Die Weltmeere und ihre Bewohner entdecken und ihnen auf Augenhöhe begegnen, hier, wo Lissabon am Puls der Zeit ist (▶ S. 107).

⭐7 Museu Calouste Gulbenkian

Kunst und Kostbarkeiten aus vergangenen Jahrtausenden, grenzüberschreitend von Europa über den Nahen Osten bis China und Japan (▶ S. 109, 110).

⭐8 Museu Nacional de Arte Antiga

Das Nationalmuseum für alte Kunst vereint europäische Meisterwerke mit Preziosen, die die Portugiesen im 15. und 16. Jh. aus Afrika, Japan und China mitbrachten (▶ S. 113).

⭐9 Sintra

Diese Kleinstadt westlich von Lissabon beherbergt eine einzigartige Kulturlandschaft der Romantik, die inzwischen zum Weltkulturerbe der Menschheit gehört (▶ S. 132).

⭐10 Lissabon vom Wasser aus sehen

Die Stadt so sehen, wie sie jahrhundertelang Reisende zum ersten Mal gesehen haben, als dem Tejo zugewandte Schönheit. Die am Cais do Sodré ablegenden Fähren machen dieses Panorama auch heute noch möglich (▶ S. 153).

MERIAN Momente
Das kleine Glück auf Reisen

Oft sind es die kleinen Momente auf einer Reise, die am stärksten in Erinnerung bleiben – Momente, in denen Sie die leisen, feinen Seiten der Stadt kennenlernen. Hier geben wir Ihnen Tipps für kleine Auszeiten und neue Einblicke.

1 Innehalten mit Blick auf die Kathedrale   G 5

Mein persönliches kleines Glück: die Terrasse, die zum Museum des römischen Theaters gehört. Von dieser kleinen und stillen Galerie aus zeigt sich nur ein winziger Ausschnitt der Stadt – die Kathedrale, die sie umgebenden Häuser, ein Stück des Flusses und viel, viel Himmel. Solange man hier sitzt, fast für sich allein, auf einem der in den Stein gemauerten Sitze, kann man sich der Vorstellung hingeben: Dies ist, für die Zeit, die ich hier bin, meine Terrasse, mein kleines Stück Lissabon, fern der großen Metropole.

Alfama | Rua de São Mamede 3 | Straßenbahn, Bus: Limoeiro

2 Wenn der Himmel und Tejo eins werden   G 5

Am Miradouro Portas do Sol in der blauen Stunde erleben, wie der Burghügel zu einer Insel im Meer der Dämmerung zwischen Himmel und Wasser wird. Nachmittags gibt es hier nicht selten Livemusik: brasilianische, kapverdische oder portugiesische Rhythmen.

Alfama | Largo das Portas do Sol | Straßenbahn, Bus: Largo das Portas do Sol

3 Hoch über dem Tejo ⚓ H4

Steigen Sie auf die Terrasse des Pantheons unterhalb der Kuppel hinauf. Hier auf dieser leicht abfallenden Terrasse mit weißer Balustrade meint man, über Lissabon und dem nahen und hier sehr breiten Tejo zu schweben – besonders schön bei klarem Himmel.

Alfama | Campo Santa Clara | Metro: Santa Apolónia

4 Alfama für Romantiker ⚓ H5

Am Abend eine Ginjinha im Schokoladenbecher in einer winzigen Taverne in der Alfama trinken und dann aufbrechen ins Gassenlabyrinth des Viertels. Hineinlauschen in Fado-Restaurants und sich verlieren in schmalen Gassen, auf Treppchen, zwischen engen Mauern und kleinen Plätzen. Einer Quelle lauschen und hinaufgehen zur Kirche Santo Estevão mit ihrem Kirchplatz, der ganz leicht erhöht in der Alfama liegt, als Balkon mit bezaubernder Aussicht, besonders in Vollmondnächten.

Alfama | Ginjinha da Sé | Rua São João da Praça 3 | Bus: Alfândega

5 In Tuchfühlung mit dem Tejo und dem Meer ⚓ G5

Spazieren gehen, wo einst die Segelboote voller Waren anlegten, von der Praça do Comércio entlang der Ribeira das Naus zum Cais do Sodré und von dort, wenn Sie mögen, weiter in Richtung der Brücke des 25. April. Einfach nur den Wind, die Weite und die Nähe des Atlantiks spüren und das besondere Licht Lissabons erleben – ganz besonders in der Dämmerung.

Baixa | Praça do Comércio | Metro: Terreiro do Paço

6 Dem Herzschlag der Mouraria lauschen ⚓ G4

Sich auf die Bank in der Plastik »Kit Garden« am Largo do Intendente setzen, die Augen schließen und lauschen. Sie wieder öffnen und sehen, was hier beispielsweise von dem Dichter Fernando Pessoa am Brunnen geschrieben steht (das verrate ich hier nicht, denn Sie sollen es ja für sich entdecken – nur ein Tipp: Es geht da um einen unterirdischen Fluss). Dazu die prächtigen Häuser betrachten und das Kommen und Gehen auf diesem Platz erleben.

Mouraria | Largo do Intendente | Straßenbahn: R. Palma

7 Verweilen in einer liebenswerten grünen Oase   E7

Im Garten des Príncipe Real teilhaben am Leben der Lissabonner, die hierher kommen, die Kinder zum Spielen, die älteren Männer zum Kartenspiel und Plaudern, die Verliebten zum Turteln und viele andere einfach, weil dieser Platz mit seinen exotischen Bäumen und der jahrhundertealten, weit ausladenden Zypresse eine kleine Oase ist.

Bairro Alto | Jardim do Príncipe Real | Rua Escola Politécnica | Bus: Príncipe Real

8 Die Stadt atmen, singen, lachen und weinen hören   E5

Mit der »28« am Abend fahren – dann, wenn die Stadt ihr Alltagsgewand und ihre Geschäftigkeit abgelegt hat und sich der Nacht zuwendet. Dann, und erst dann, wird es ein intimes und romantisches Vergnügen, mit dieser berühmten Straßenbahnlinie zu fahren, die alle historischen Viertel von Ost nach West verbindet. Sitzend, vielleicht das Fenster geöffnet, um den Abendwind zu spüren, und, oft in Tuchfühlung mit der Stadt, die am in Holz gerahmten Fenster vorbeigleitet. Mal geht es durch enge, dunkle Gassen, dann weitet sich der Blick auf erleuchtete Kirchen oder den Fluss. Gibt es etwas Schöneres, als sich in diesem schaukelnden, knarrenden, ächzenden, fragilen Holzgefährt, das aus einer anderen Zeit zu stammen scheint, hügelauf und hügelab tragen zu lassen? Sich dieser Bewegung, den Geräuschen, den Gerüchen der Stadt, ihren wechselnden Ansichten und Stimmungen zu überlassen?

Von der Praça Martim Moniz oder vom Largo da Graça zur Basílica da Estrela oder zum Friedhof Prazeres | die Nr. 28 fährt ab 21.30 Uhr nur die Strecke Graça–Estrela (Largo da Graca bis Basilica da Estrela), die letzte Mo–Fr 22.52, Sa, So 22.30 Uhr | Ticket 2,85 €

9 Lissabons neues Kulturzentrum erleben   F2

Cooler Charme: Die LX Factory ist Lissabons neues Kreativzentrum auf einem alten Fabrikgelände in Alcantâra aus der Mitte des 19. Jh. – ein Stück portugiesischer Industriekultur, heute mit einer lebendigen Restaurant- und Designerszene, Mode, Ausstellungen, Graffitis.

Alcantâra | Rua Rodrigues Faria 103 Straßenbahn: Calvário | Tel. 213143399 | www.lxfactory.com

10 Törtchen und ein Hauch Belle Époque   F2

Dort hingehen, wo die Lissaboner weitgehend unter sich sind: in die elegante Pastelaria Versailles, zu Kaffee und Kuchen. Das Flair des frühen 20. Jh. erspüren und dann um die Ecke einen Blick ins kleine Geschäft für Kaffee- und Teespezialitäten werfen und im kleinen Lebensmittelladen nebenan etwas Käse, Salami oder Brot kaufen und durch die verkehrsberuhigte Av. Duque de Ávila zum Gulbenkian-Park spazieren.

Campo Pequeno | Av. da República 15 |
Metro: Saldanha

11 Weitblick bei Sonnen-
untergang ◢◣ G 4

Einer der schönsten Aussichtspunkte:
bei Sonnenuntergang am hochgelege-
nen Miradouro Nossa Senhora do Monte mit der alten Kapelle den Blick auf die
zu Füßen liegende Stadt genießen, mit
dem Burghügel und dem Tejo und weit
nach Westen bis zur Kuppel der Basílica
da Estrela und hier auf einer der Bänke
unter den Schirmpinien verweilen und
träumen. Der Dichter Fernando Pessoa
hat diesen Ort auch sehr geschätzt.
Graça | Rua Senhora do Monte |
Straßenbahn, Bus: Rua da Graça

12 Kunst und Entspannung
im Grünen ◢◣ E 1

Der Gulbenkian-Park ist Lissabons
grüne Insel, mit Skulpturen, Bächen
und einem kleinen See, hohen Bäumen
und Wiesen, Sitzmöglichkeiten, Terrassencafés – ein fast meditativer Ort der
Muße. Am Wochenende kommen viele

Familien hierher, machen ein Picknick
oder sitzen auf der Wiese zusammen.
Es ist ein Platz des kleinen Glücks, der
kleinen Freuden: Blumen, Düfte, Kinder, Kunst, Vögel, der Klang des Wassers, des Windes in den Bäumen –
selbst im Regen ist es hier schön. Und
es lässt sich perfekt kombinieren mit
dem Besuch des Gulbenkian-Museums
und/oder des Centro de Arte Moderna.
Campo Pequeno | Av. de Berna 45 | Me-
tro: São Sebastião oder Praça de Espanha

13 Ein Ort mit Livemusik,
Muße und Licht ◢◣ nordwestl. A 1

Ein Café oder ein Glas Wein am Miradouro da Graça, im Winter am Nachmittag, wenn die Sonne tiefer im Westen steht und diesen Hügel in ihr Licht
taucht, im Sommer am Abend, wenn es
hier oft Livemusik zu hören gibt. Auch
die Lissabonner schätzen diese wun-
dervolle Terrasse unter Schirmpinien,
die ein Ort zum Träumen ist.
Graça | Miradouro Sophia de Mello
Breyner Andresen | Largo da Graça |
Straßenbahn, Bus: Graça

9

NEU ENTDECKT
Darüber spricht ganz Lissabon

Lissabon befindet sich stetig im Wandel: Sehenswürdigkeiten werden eingeweiht, es gibt neue Museen, Galerien und Ausstellungen, Restaurants und Geschäfte eröffnen und ganze Stadtviertel gewinnen an Attraktivität, die Stadt verändert ihr Gesicht. Hier erfahren Sie alles über die jüngsten Entwicklungen – damit Sie keinen dieser aktuell angesagten Orte verpassen.

◀ Die Loja da Burel (▶ S. 18) führt eine große Auswahl des traditionellen Wollstoffs Burel.

ÜBERNACHTEN

Baixa House   ⚓ G 5

Schön sanierter Altbau – Ein gelungenes Beispiel für die Wiederbelebung der Baixa, die den stärksten Bewohnerschwund aller historischen Viertel Lissabons erlitten hat. Zwölf Ferienapartments ziehen sich vom ersten bis zum fünften Stock (Dachgeschoss). Sie sind alle hell und freundlich eingerichtet und jeweils nach einer Parkanlage in oder um Lissabon benannt. Der Architekt José Adrião wurde für seine behutsamen Interventionen bei der Sanierung und der Umgestaltung dieses Hauses aus dem frühen 19. Jh. mit dem Premio Vasco Vilava ausgezeichnet. Böden, Decken, Wandkonstruktionen aus Holz und die Kacheln im Inneren wie Äußeren sowie die alten Türen wurden, soweit möglich, erhalten.

Baixa | Rua dos Fanqueiros 81 | Metro: Terreiro do Paço, Aerobus | mobil 919 09 08 95 | www.baixahouse.com | €€€

ESSEN UND TRINKEN

A Taberna da Rua das Flores   ⚓ F 5

Innovativ und weltoffen – Seit März 2012 ist dies eine kulinarisch anspruchsvolle Variante der alten Taverne, von denen es früher in jedem volkstümlichen Viertel einige gab. Mitinhaber und Weltenbummler André Magalhães hat ein kulinarisches Gedächtnis. Jeden Tag wird mit frischen Produkten gekocht, am Mittag Lissabonner Klassiker wie »iscas com elas« (Leber, unterlegt mit gebackenen Kartoffeln). Am Abend wird die Küche kreativer und improvisierter. Das kann beispielsweise roher Rabenfisch, »corvina«, mit gebackenen Süßkartoffeln sein, ein Rezept, das genau zum Konzept der Taberna da Rua das Flores passt: Küche mit regionalen Produkten – die Süßkartoffeln kommen von der Algarve –, aber zubereitet wie an einem ganz anderen Ort der Welt, in diesem Fall südamerikanisch. Und, eine Taverne sollte guten Wein haben – auch diesem Anspruch wird man gerecht.

Bairro Alto | Rua das Flores 103 | Metro: Baixa-Chiado (Ausgang Largo do Chiado) oder Cais do Sodré | Tel. 213 47 94 18 | Mo–Fr 12–24, Sa 18–24 Uhr | €€

Charcutaria   ⚓ F 5

Feine Küche des Alentejo – Seit März 2013 werden hier in zeitgenössischem Interieur schmackhafte Spezialitäten aus dieser Region im Süden zubereitet, z. B. Fleischgerichte mit »migas«, eine Art krümmeliges Püree aus Weißbrot, vereinzelt auch aus Kartoffeln mit Knoblauch, oder Rührei mit Wildspargel und zum Dessert Walnussküchlein. Dieses Lokal ist eine Empfehlung einer sehr guten Freundin und Feinschmeckerin.

Bairro Alto | Rua do Alecrim | Metro: Cais do Sodré | Tel. 213 46 06 72 | www.restaurantecharcutaria.com | Mo–Sa 12–15.30, 19–23 Uhr | €€€

Graça do Vinho ⚑ G 4

Kleine Weinbar – Ein kleines Kunst-café, gestaltet wie ein großes, verwin-keltes Wohnzimmer mit lauschigen Ecken. Im Mittelpunkt stehen Weine, zu denen kleine Häppchen wie Azei-tão-Käse oder Pata-negra-Schinken serviert werden. Die Weinauswahl ist beachtlich. Viele kommen vom renom-mierten Gut »Quinta da Alorna«.

Graça | Calçada da Graça 10 | Straßen-bahn: S. Tomé | Mo–Do 12–15, 17–22, Sa 11–15, 16–24 Uhr

O Botequim ⚑ H 4

Hommage an die Literaten – Das Bote-quim (Wirtshaus) war einstmals ein le-gendärer Ort – Treffpunkt der wichtigs-ten Autoren Lissabons der 1970er- und 1980er-Jahre. Es gehörte der Dichterin und Journalistin Natália Correia, die es im Jahr 1968 eröffnete: eine winzige Kneipe mit Klavier und Natália als Fix-stern. Der Schriftsteller José Cardoso Pires hat sie als Matriarchin der Nacht beschrieben. Nach ihrem Tod 1993 schloss die Bar. Einige Zeit gab es hier eine Kinderbuchhandlung. Dann stand das »Wirtshaus« lange leer, bis sich zwei junge Lissabonner, Alexandra Vidal und Hugo Costa, den Traum erfüllten

und ein neues Botequim schufen, indi-viduell eingerichtet und natürlich mit Büchern und einem Portrait von Natá-lia Correia. Man kann hier Kaffee oder Wein trinken, Kuchen und kleine Ge-richte essen, träumen und dichten.

Graça | Largo da Graça 79 | Straßen-bahn, Bus: Graça | Tel. 218 88 85 11 | http://botequim.net | Mo, Di, Do–So 14–2, Mi 17–2 Uhr

EINKAUFEN

Garbags ⚑ G/H 4

Da fehlt nur ein »e« – und um ein Haar wäre dies, was hier das Ausgangsma-terial ist, »garbage« (Müll) geworden, hätte nicht Tânia Anselmo angefangen, leere kunststoffbeschichtete Kaffeever-packungen in Handtaschen, Gürtel und sogar Sandalen zu verwandeln, mit Schnittvorlage und Nähmaschine. Die Ergebnisse sind nicht nur originell und einzigartig, sondern auch hun-dertprozentig ökologisch. No more garbage … but »Garbags«.

Alfama | Rua do Salvador 56 | Straßen-bahn: S. Tomé | Tel. 212 40 84 42 | www.garbags.eu | Mo–Sa 10–19 Uhr

Loja da Burel ⚑ F 5

Aus Burel waren einst die Capes, die die Schafhirten in den Bergen Nordportu-gals vor Kälte, Feuchtigkeit, aber auch Hitze schützten. Eine der Manufaktu-ren, in denen dieser Wollwalkstoff her-gestellt wurde, lag in Manteigas in der Serra de Estrela. Mit dem Niedergang des Schäferberufs und der bäuerlichen Kultur wurden auch die Textilien aus Burel kaum mehr nachgefragt. Anfang des 21. Jh. ging die 1947 gegründete Textilfabrik Lanifícios Império in die Insolvenz. Isabel Costa, die für die Fabrik arbeitete, machte ein Kaufangebot, das auch die alten Webstühle aus dem frühen 19. Jh. umfasste. Seit 2009 wird in Manteigas wieder Burel produziert, für die Marke »Burel Factory«. Die zehn Arbeitsplätze konnten erhalten werden. Und die Marke startete eine Kooperation mit Designern. Schon 2010 gab es ein erstes winziges Geschäft im Chiado. Im vergangenen Jahr wurde ein größeres in der Rua Serpa Pinto eröffnet. Eine Erfolgsgeschichte! Nicht nur Kleidung, Decken oder Wohnaccessoires werden aus Burel hergestellt. Das Material isoliert gut und lässt sich so auch in der Innenarchitektur vielfältig verwenden. Microsoft ließ die Wände seines Firmensitzes in Lissabon mit Burel bekleiden. Inzwischen ist der Stoff auch in der Modewelt zu Hause: Das Designerteam »Storytailors« entwarf ein langes rotes Cape à la »Rotkäppchen«. In Schwarz steht am Saum des Cape »Eu não tenho medo« – ich habe keine Angst. Klar, mit so einem Cape kann der weiblichen Heldin nichts mehr passieren – Mann wie Wolf legen sich da zu Füßen.

Chiado | Rua Serpa Pinto 15 B | Metro: Baixa-Chiado | Tel. 21245 6910 | Mo–Sa 10–20 Uhr

Poise

🌿 F 4

Dies ist ein Geschäft für Frauen (und für Männer, die ihrer Liebsten gerne ein Geschenk machen). Es gibt hier Handtaschen, ladylike, schick, elegant, entworfen von João Vieira und Sara Padrão. Beide haben Bildhauerei an der Lissabonner Hochschule der schönen Künste studiert und dort ihr Faible für Design entdeckt. Die formvollendeten Taschen werden, ebenso wie die Accessoires, limitiert hergestellt und im ersten Stock über dem Laden produziert.

Bairro Alto | Rua da Rosa 197 | Bus: Príncipe Real | mobil 926770100 | www.bypoise.pt | Mo–Sa 14–20 Uhr

🌿 Weitere Neuentdeckungen sind durch dieses Symbol gekennzeichnet.

In der Weinbar Graça do Vinho (▶ S. 18) nahe des Castelo São Jorge stößt man auf eine sehr entspannte und intime Atmosphäre. Für den Hunger zwischendurch gibt es leckere Häppchen.

Einer der schönsten Aussichtspunkte der Stadt: der Miradouro Santa Luzia (▶ S. 58).

LISSABON
ERLEBEN

ÜBERNACHTEN

Stilvolle alte Hotels in ruhiger Lage sind bei den internationalen Besuchern besonders beliebt. Seit einigen Jahren eröffnen auch mehr und mehr schöne Bed & Breakfasts, manchmal mit Blick auf den Tejo oder den eigenen Garten.

Lissabon ist seit einigen Jahren bekannt für seine schicken, farbenfrohen Hostels. Seit 2009 nehmen Lissabonner Hostels die Topplätze in dem weltweiten Ranking von Hostelworld ein. Zudem eröffnen in schönen, alten Häusern individuelle B & Bs, teils mit wundervollen Aussichten, mit großen Balkonen oder sogar kleinen Gärten. Lissabon ist vielfältig und kreativ, auch was das Übernachtungsangebot betrifft. Bedingt durch die Krise und die starke Nachfrage von Touristen aus aller Welt ist zudem ein riesiges Angebot an Ferienwohnungen aller Art entstanden, von klein und romantisch in der Alfama bis zu elegant-mondän in vornehmen Stadtpalais. Zudem haben in den vergangenen Jahren die ersten Designhotels wie das Fontana Park und das Internacional Design Hotel eröffnet.

Es ist ähnlich wie beim Fliegen, wo man die unterschiedlichsten Beträge für einen bestimmten Flug zahlen kann. Auch Hotels haben eine große

◀ Frühstück mit Blick auf die Praça dos Restauradores im Hotel Avenida Palace (▶ S. 23).

Bandbreite bei den Preisen entwickelt, je nach Jahreszeit, Aufenthaltsdauer und Zimmerstandard. Empfehlenswert ist es, sich direkt mit dem Haus in Verbindung zu setzen und sich über Angebote in dem gewünschten Zeitraum zu informieren. Die Preise sind üblicherweise inkl. Frühstück.

BESONDERE EMPFEHLUNGEN

Avenida Palace ⚑ F 4

Wie aus einer anderen Zeit – Das Avenida Palace ist das letzte Grand Hotel Lissabons. Entworfen hat es José Luís Monteiro, eröffnet wurde es 1892. Der Stil der Zeit wird im gesamten Haus gewahrt und nirgendwo gebrochen. Und es hat so seine kleinen Geheimnisse. Im Zweiten Weltkrieg trafen hier deutsche und britische Spione aufeinander. Der Historiker Vitor Manuel Adrião verweist darauf, dass es im vierten Stock eine geheime Verbindungstür gebe, die direkt zum Rossio-Bahnhof führt. Inkognito seien hier wichtige Persönlichkeiten ins Hotel gekommen. Auch Thomas Mann, der Lissabon nie selbst besucht hat, aber seine Figur Felix Krull herschickte, hat wahrscheinlich dieses Nobelhotel zum Schauplatz seiner literarischen Fantasien erkoren. Von November bis Mai wird in der Palace Lounge dienstags und donnerstags von 16 bis 18 Uhr eine Tea-Time mit Scones, Kuchen und kleinen Sandwiches zelebriert, begleitet von einem Pianisten, zum Festpreis für 20 € pro Person (Reservierung Tel. 2 13 21 81 20). Baixa | Rua 1 Dezember | Metro: Restauradores, Aerobus: Restauradores | Tel. 2 13 21 81 00 | www.hotelavenida palace.pt | 82 Zimmer, 14 Junior-Suiten | €€€/€€€€

Baixa House ⚑ G 5

Schön sanierter Altbau – Zwölf Ferienapartments ziehen sich seit 2011 vom ersten bis zum fünften Stock. Alle sind hell und freundlich eingerichtet. Baixa | Rua dos Fanqueiros 81 | Metro: Terreiro do Paço, Aerobus | mobil 9 19 09 08 95 | www.baixahouse.com | €€€

Casa Amora Guesthouse ⚑ E 3

Charmant und stilvoll – Dieses Privathaus aus dem frühen 20. Jh. wurde von den beiden Eigentümern zu einem Gästehaus mit fünf Zimmern umfunktioniert. Der Charakter des eleganten Bürgerhauses blieb erhalten, allerdings ist es nun so eingerichtet, wie man es aus Zeitschriften für schöner Wohnen kennt. In einer Mischung aus Alt und Neu mit Keramik, Kristalllüstern und Design, perfekt und stilvoll. Die Zimmer sind unterschiedlich groß, teilweise durchaus klein, aber allesamt individuell und geschmackvoll gestaltet, einige mit Balkon. Den Gästen stehen auch die Terrasse und der begrünte Patio zur Verfügung. Die Philosophie der Gastgeber ist es, dass sich ihre Gäste hier zu Hause, willkommen und gut betreut fühlen. Das Haus liegt in der Nähe des beschaulichen Amoreiras-Parks. Rato | Rua João Penha 13 | Metro: Rato | mobil 9 19 30 03 17 | www.casa amora.com | 5 Zimmer, 1 Studio | €€

Casa Costa do Castelo   ⚔ F 4

Weitblick und Garten – Hier anzu-
kommen ist, als ob man zu Freunden
käme, in eine stille Wohnung über den
Dächern der Stadt. Diese Privatheit ist
in der gesamten Casa Costa do Castelo spürbar. Zu den Highlights gehören
die fantastische Aussicht von den nach
Westen gelegenen Zimmern und dem
Wohnzimmer über die Stadt und den
Tejo, die Lage unmittelbar unter den
Burgmauern und der terrassierte Garten mit Zitronenbaum, Blumen, Wiese
und Holzstühlen für die Gäste. Das
Frühstück ist reichhaltig.
Alfama | Rua Costa do Castelo 54 |
Straßenbahn: Miradouro Santa Lucia,
Anreise am besten per Taxi | Tel. 218 82
26 78 | www.c-c-castelo.com | 5 Zim-
mer und 1 Suite im 4. und 5. Stock, kein
Aufzug | €€

Casa São Mamede   ⚔ E 4

Ein Ort, den auch Künstler schätzen –
Dieses bereits 1758 erbaute herrschaft-
liche Haus befindet sich immer noch in
Familienbesitz und ist seit dem Jahr
1948 ein elegantes Hotel mit 28 Zimmern. Im Speisesaal mit Blick auf den
von hohen Platanen gesäumten Platz
der Kirche des São Mamede stehen
noch die sehr niedrigen alten Holz-
stühle aus den 1940er-Jahren. Vieles
wurde originalgetreu belassen, und das
Moderne fügt sich harmonisch ein in
dieses Setting. Die Zimmer in ge-
dämpften Pastellfarben strahlen Ruhe
aus. Das hat auch Schriftsteller und Fil-
memacher angezogen. Einer, der dem
Haus sehr verbunden war, ist der 2012
verstorbene italienische Autor Antonio
Tabucchi. Hervorragende Lage in der
Nachbarschaft des Bairro Alto. In der

Rua da Escola Politécnica hat sich eine
schicke Geschäftsszene entwickelt.
São Mamede | Rua da Escola Politécnica
159 | Metro: Rato | Tel. 213 96 31 66 |
www.casadesaomamede.pt | 28 Zim-
mer | €€

Internacional Design Hotel   ⚔ G 4/5

Cool und urban – Besitzer Alexandre
Martins hat sein 2009 eröffnetes Hotel
innen nahezu komplett selbst gestaltet,
zumeist mit zeitgenössischem Design
made in Portugal. Das Resultat ist
überraschend und erfrischend. Im Boden des Eingangsbereichs steht »I'm
really curious about you« – das könnte
ein Leitspruch sein für das gesamte
Projekt. Die Zimmer wurden nach vier
verschiedenen Designmottos gestaltet:
Urban, Tribe, Zen und Pop. Das Hotel
mit der Jugendstilfassade wurde bereits
1923 eröffnet, erstrahlt seit 2009 aber
mit lila gestrichener Fassade, von der
sich die weißen Jugendstilelemente ab-
heben. Von vielen Zimmern wie auch
von dem großen, lichten Café-Restaurant mit seinen bunt zusammengewür-
felten Designerstühlen geht der Blick
auf den Rossio und den Himmel von
Lissabon. Das Haus verfügt über stark
schalldämmende Fenster.
Baixa | Rua Betesga 3 | Metro: Rossio |
Tel. 213 24 09 90 | http://idesignhotel.
com | 55 Zimmer | €€€

Pensão Londres   ⚔ F 4

In dieser Kategorie unübertrefflich –
Die Zimmer der Pensão Londres in einem Haus aus der Mitte des 19. Jh. mit
Stuckdecken sind im Stil des frühen
20. Jh. gestaltet. Vom Speisesaal und
von einigen Zimmern aus hat man einen wunderschönen Blick nach Wes-

ten auf den Tejo. Sehr gute Lage am Rand des Bairro Alto, mit Designergeschäften und schönen Cafés in unmittelbarer Nähe. Im Haus befindet sich die Bäckerei Padaria São Roque mit ihrem Jugendstilinterieur.

Bairro Alto | Rua Dom Pedro V 53 | Metro: Restauradores, dann Elevador da Gloria | Tel. 21346 22 03 | www.pensao londres.com.pt | 36 Zimmer | €

York House ✈ D 5

Pracht hinter Klostermauern – Ein wenig von der Stille und Abgeschlossenheit, als dies ein Kloster der barfüßigen Karmelitinnen war, ist noch spürbar im York House. Zum Fluss hin wird das Anwesen von einer hohen, ochsenblutroten Mauer abgeschirmt. Durch eine schmiedeeiserne Tür gelangt man die steinernen Stufen hinauf in den Innenhof mit Palmen, Efeuranken, Sitzmöbeln und Blumen. Hier wirkt alles

verwunschen-romantisch. Das Innere des Hotels aber ist eine Mischung aus Klar und Cool mit antikem Mobiliar. Die portugiesische Designerin Filipa Lacerda hat dem York House, wo schon Graham Greene und John le Carré logierten, diese neue Optik gegeben.

Die Adresse ist wenig zentral im Westen von Lissabon. In der Nähe liegt das Museum für Alte Kunst. Das York House befindet sich an der Schnittstelle zwischen dem vornehmen Lapa und dem Kleine-Leute-Viertel Madragoa mit seinen vielen gekachelten Häusern.

Madragoa | Rua das Janelas Verdes 32 | Straßenbahn: Santos-o-Velho oder Bus: Santos, Anreise am besten per Taxi | Tel. 21396 24 35 | www.yorkhouselisboa. com | 32 Zimmer | €€€

Preise für ein Doppelzimmer mit Frühstück:

€€€€ ab 260 €   €€€ ab 160 €
€€ ab 80 €   € bis 80 €

Hier fühlt man sich schnell zu Hause: Wie die Wohnstube bzw. der »Salon« sind auch die Gästezimmer in der Casa Amora Guesthouse (▶ S. 23) geschmackvoll und individuell eingerichtet.

ESSEN UND TRINKEN

*Lissabon erfährt man vor allem als kulinarisches Zentrum
aller regionalen Spezialitäten Portugals. Fisch und Meeresfrüchte
aus dem nahen Atlantik stehen natürlich ganz oben auf der Liste.
Unschlagbar sind auch die süßen Backwaren.*

Portugals Küche ist vielfältiger, als es die meisten Restaurants erahnen lassen, wo üblicherweise gegrillter Fisch, Steaks und Bacalhau auf der Karte stehen. Es gibt regionale Besonderheiten, beispielsweise die »caldeirada«, ein Eintopf mit verschiedenen Fischsorten. Oder auch die »cataplana«, die in einem Kupferkessel zubereitet wird und aus Fisch, Muscheln, Shrimps oder, typisch für den Alentejo, aus Schweinefleisch und Muscheln plus Kartoffeln, Tomaten, Lorbeer, Zwiebeln und Knoblauch besteht. Allein bei der Zubereitung des Stockfisches gibt es eine große regionale Vielfalt.

»PETISCOS« ANSTELLE VON TAPAS

Ganz grundsätzlich betont die portugiesische Küche Fleisch und Fisch zulasten von Gemüse, Salat und Beilagen. Unter den Fleischspeisen dominiert dabei das Steak (»bife«), das häufig mit einem Spiegelei serviert

◄ Die kleinen Puddingtörtchen »pasteis de nata« schmecken köstlich zu einer »bica«.

wird. Vegetarier haben es also nicht leicht. Aber die Restaurants bieten oft schmackhafte und günstige Gemüsesuppen (»sopa do dia«). Und es gibt seit Jahren mehrere vegetarische Gaststätten. Inzwischen wagen sich mehr und mehr Küchenchefs an eine kreative Kochkunst und verfeinern die traditionellen Gerichte, oftmals mit großem Erfolg.

So wie es in Spanien die Tapas gibt, gibt es in Portugal die »petiscos«. Das kann beispielsweise Tintenfischsalat sein oder auch »pastel de bacalhau«, frittierte Snacks aus Stockfisch, Kartoffeln und Ei. Ein vegetarischer Klassiker Lissabons sind die »peixinhos da horta« (Fischlein aus dem Garten) – panierte und dann gebratene grüne Bohnen.

Als Seefahrernation mit einer langen Kolonialgeschichte finden sich in Lissabon auch Restaurants mit den landesspezifischen Küchen aus Indien, Brasilien oder von den Kapverden. Ebenso sind Gerichte aus diesen Regionen in die portugiesische Küchentradition »eingewandert«, etwa die »feijoada«, ein Bohneneintopf, oder der Krabben-Curry-Reis (»carril de gambas«). Die Zutaten der afrikanischen Rezepte, wozu Kochbananen, Yams, Maniok, Okras und diverse Hülsenfrüchte gehören, findet man in den Geschäften beim Largo do São Domingo, ebenso in einigen Läden in der Rua do Arsenal, die auf getrockneten Fisch spezialisiert sind.

PORTUGIESISCHE ESSKULTUR

Die Portugiesen frühstücken meist spartanisch, kurz einen Espresso und noch etwas Süßes dazu, manchmal auf dem Weg zur Arbeit. Mittags wird warm und oft mit Vorspeise und Dessert gespeist. Die Mittagspause beläuft sich aber nur auf gut eine Stunde. Es muss also auch hier schnell gehen, und so haben viele Restaurants eine Tageskarte mit Fleisch- und Fischgerichten zur Auswahl, den »pratos do dia«. Diese Gerichte sind frisch zubereitet, während manches aus dem sonstigen Angebot tiefgekühlt ist und im Schnellverfahren aufgetaut und zubereitet wird. Abends wird wieder warm gegessen, gerne mit Freunden oder mit der Familie im Restaurant. Man legt viel Wert auf das »convivio«, das gesellige Zusammensein, das in Gaststätten, Cafés oder im Park gepflegt wird.

Und natürlich schätzen die Portugiesen ihre Kaffees, die eine lange Tradition haben. Doch ist es heute zur Gewohnheit geworden, die Espressos zu verwässern. Wenn man einen aromatischen Espresso möchte, sollte man daher sagen: »Um café, meia chavena, por favor.«

BESONDERE EMPFEHLUNGEN

Assinatura 🏴 E 3

Für Gourmets – Chef João Sá kreiert hier eine verfeinerte portugiesische Küche, die mit Elogen wie Sahnehäubchen überzogen wurde. Zu Recht. Das Fünf-Gänge-Menü kostet ca. 80 € inkl. Wein.

Rato | Rua do Vale de Pereiro 19 | Metro: Marques de Pombal | www.assi natura.com.pt | Mo 19–22.30, Di–Fr 12.30– 15, 19–22.30, Sa 19–23.30 Uhr | €€€€

A Cabrinha 🏴 westl. A 6

Meeresfrüchte mit tollem Blick – Dieses Restaurant liegt auf der anderen Seite des Tejo in Cacilhas, nah beim Fähranleger. Die schönste Ansicht Lissabons vom Wasser lässt sich hier bei einer Fahrt mit der Fähre vom Cais do Sodré nach Cacilhas mit einem schmackhaften Essen in dieser »marisqueira« verbinden. Das A Cabrinha ist weit und breit das renommierteste Restaurant für Schalentiere (»mariscos«). Aber auch die Fisch- und Fleischgerichte lohnen, ebenso der Spaziergang danach am Wasser entlang an verfallenen Häusern vorbei in Richtung Brücke des 25. April.

Cacilhas/Almada | Beco Bom Sucesso 4 | Fähre nach Cacilhas | www.cabrin ha.com.pt | So–Do 12–24, Fr, Sa 12– 1 Uhr | €€€

Casa do Bacalhau 🏴 östl. J 2

Erste Adresse für Stockfisch – Dies ist das beste Restaurant für Bacalhau in Lissabon. Auch wenn Sie nie vorhatten, dieses Gericht zu probieren, weil Sie meinen, das sei nach dem Prozedere von Trocknen und stundenlangem Einweichen gar kein Fisch mehr mit seinem typischen Geschmack und der typischen Konsistenz, probieren Sie ihn.

In der Casa do Bacalhau werden die besten Zutaten verarbeitet. Es stimmt alles, inklusive des Ambientes in einem Gewölbe mit elegantem Interieur. Die Portionen sind recht groß, sodass es Sinn macht, zu zweit ein Gericht zu wählen und sich zuvor die Vorspeisen munden zu lassen. Mein Favorit ist »bacalhau à minhota«, Stockfisch aus dem Ofen mit Zwiebeln, Knoblauch, Olivenöl und Koriander, umrahmt von kross gebackenen Kartoffelscheiben. Dazu passt einer der Weißweine aus dem Norden Portugals, beispielsweise vom Dão, und zum Dessert vielleicht »sericaia«, der flache Eierkuchen aus dem Alentejo mit Pflaumen aus Elvas.

Xabregas | Rua do Grilo 54 | Bus: Xabregas oder Taxi (empfehlenswert) | www.acasadobacalhau.com | Mo–Sa 12–15, 19.30–23, So 12–15 Uhr | €€€

De Castro Elias 🏴 E 1

Erfrischend und unprätentiös – Dieses Restaurant hat mich überzeugt, weil es portugiesische Küche bietet, die sich ein wenig abhebt vom Mainstream und zugleich gut schmeckt. Ein Beispiel: die Terrine aus Blattspinat, gebackenen Kartoffeln und Stockfisch. Auf Portugiesisch heißt sie »tiborna«. Aber auf der Speisekarte stehen auch Klassiker wie die »peixinhos da horta« oder das Dessert »toucinho do ceu«, Himmelsspeck aus Mandeln, Zucker und Ei, das einst in den Nonnenklöstern genascht wurde. Koch und Mitinhaber Miguel Castro Silva gehört zur kreativen jungen Generation portugiesischer Köche.

Campo Pequeno | Av. Elias Garcia 180 | Metro: São Sebastião | www.decastro elias.com | tgl. 12.30–15, 19.30–23 Uhr | €€

Klein, aber bestens ausgestattet: Die Cocktailbar Cinco (▶ S. 29) im Bairro Alto bietet eine warme Lounge-Atmosphäre, einen freundlichen Service und exzellent gemixte Drinks.

Cinco ⚑ E 4

Angesagte Cocktailbar – Lissabons coolste Bar liegt am Rand des Bairro Alto mit einer Auswahl von über 100 Drinks. Der Brite David Palethorpe hat sie 2004 eröffnet, nachdem er nach Karrierestationen in England und Australien hier angekommen ist und sich den Traum einer eigenen Bar erfüllt hat. Man kann in elegant-stylischem Ambiente auch portugiesische Weine, Tees und Toasts kosten oder sich bei einem Mini-Workshop in die Geheimnisse des Cocktails einweihen lassen. Bairro Alto | Rua Ruben A. Leitão 17 a | Bus: Príncipe Real | http://cincolounge.com | tgl. 21–2 Uhr

Pastelaria Versailles ⚑ E 1

Der Glanz einer anderen Zeit – Ein Ort, der sich selbst treu geblieben ist: Man geht durch die zweiflügelige Glastür, verlässt die Welt des 21. Jh. und befindet sich im Inneren eines Cafés, das der Glanz der Belle Époque verströmt. Das Versailles, 1922 eröffnet, ist eine Welt des Genusses und der feinen Lebensart, mit einer langen Theke mit Pralinen, Backwaren und Kuchen. Das Marzipangebäck ist köstlich. Also trinken Sie dort einen Kaffee, essen ein »petit four amêndoa«, lassen den Blick über die Decken, die Details und die Torten in den Vitrinen am Eingang gleiten – ein Ort, der viel zu erzählen hat, dem der aufmerksam lauscht und schaut.
🕐 Sehr schön am späten Nachmittag. Salcanha | Av. da República 15 A | Metro Saldanha | Tel. 213 54 63 40 | tgl. 7.30–22 Uhr

Weitere empfehlenswerte Adressen finden Sie im Kapitel **LISSABON ERKUNDEN**.
Preise für ein dreigängiges Menü:

€€€€	ab 35 €	€€€	ab 24 €
€€	ab 12 €	€	bis 12 €

Grüner reisen
Urlaub nachhaltig genießen

Wer zu Hause umweltbewusst lebt, möchte vielleicht auch im Urlaub Menschen unterstützen, denen ein verantwortungsvoller Umgang mit der Natur am Herzen liegt. Empfehlenswerte Projekte, mit denen Sie sich und der Umwelt einen Gefallen tun können, finden Sie hier.

In einigen Bereichen sind portugiesische Unternehmen fortschrittlich und wegweisend, was nachhaltige Entwicklungen betrifft. Zwei Beispiele: Seit Jahren investiert der Energiekonzern EDP in eine nachhaltige Energieerzeugung. 64 % des erzeugten Stroms wurde 2011 regenerativ gewonnen, vor allem aus Wind- und Wasserkraft. Und die staatliche portugiesische Fluggesellschaft TAP wurde mit dem Preis »Planet Erde« der UNESCO für das innovativste nachhaltige Produkt ausgezeichnet. Als erste Fluggesellschaft weltweit hat sie im Juni 2009 ein Programm zur Kompensation des CO_2-Ausstoßes gestartet. Passagiere, die online über die TAP-Website ihren Flug buchen, können mit einem minimalen Aufpreis ein nachhaltiges Energieprojekt in Entwicklungsländern unterstützen und so ein Gegengewicht zu ihren CO_2-Emissionen schaffen.

In anderen Bereichen sind die Entwicklungen oft noch zögerlich. So ist das Inspira Santa Marta Hotel, das im Oktober 2010 eröffnet und von einem Schweizer entwickelt wurde, das einzige Hotel Lissabons, das sich verpflichtet hat, nachhaltig zu wirtschaften. Es bezieht ausschließlich den teureren »grünen Strom« des Energieunternehmens EDP und hat verschiedene Auszeichnungen für eine konsequente ökologische Ausrichtung erhalten, darunter das »Green Globe Certified«.

Ein Blick auf den Fair-Trade-Bereich offenbart: In ganz Portugal gibt es vier Eine-Welt-Läden. Sie konzentrieren sich alle im Großraum Lissabon. Die biologische Landwirtschaft wächst, und es gibt Pioniere wie Luís Coutinho, der seit inzwischen mehr als 20 Jahren seine Olivenbäume biologisch kultiviert. Das Öl seiner Marke »Dieira« wird schonend zwischen Granitsteinen gepresst, mit einem mechanischen Verfahren, das bereits um 1900 entwickelt wurde. Überhaupt Portugals Olivenöle – sie sind im Ausland weniger bekannt, lohnen aber die kulinarische Entdeckung. Einige von ihnen wurden auf wichtigen internationalen Messen prämiert. In der Lebensmittelabteilung des Kaufhauses Corte Inglês (Metro São Sebastião) trifft man auf eine beachtliche Auswahl, darunter befinden sich auch um die 15 biologisch zertifizierte Olivenöle.

Seit 2008 arbeitet Lissabon intensiv an einem Radwegenetz. Es umfasst inzwischen rund 36 km. 2009 wurde der Radweg vom Cais do Sodré nach Belém am Tejo entlang eröffnet. In der Mouraria ist im Herbst/Winter 2013 auf einem Teil des Gartenlands des einstigen Augustinerklosters von Graça mit dem Jardim da Cerca da Graça erstmals ein größerer innerstädtischer Park von 1,7 ha angelegt worden. Fazit: Es steckt vieles noch in den Kinderschuhen, aber Lissabon wird allmählich grüner.

ÜBERNACHTEN

Inspira Santa Marta Hotel   ⚓ F3

Es ist das einzige Hotel Lissabons, das sich Nachhaltigkeit und soziale Verantwortung als Leitlinien gesetzt hat. Schon wenn man das Inspira Santa Marta in einer Seitenstraße der Av. da Liberdade betritt, bemerkt man einen Unterschied. Es ist eher wie das Foyer eines Museums gestaltet, tief nach Innen und mit langen Holzpaneelen an den Seiten – ein Eingangsbereich, der Raum und Weite schafft. Hier liegen das Restaurant, wo auch das Frühstücksbüfett serviert wird, und die Bar – und zwar unter der Erde. Es ist aber architektonisch so umgesetzt, dass man das nicht merkt. Denn von oben fällt Tageslicht in dieses weite Entree. Das gesamte Hotel wurde nach Feng-Shui-Prinzipien entwickelt, und es macht Sinn, dies bei der Wahl der Zimmer zu berücksichtigen. Einige Unterkünfte wirken eher kühl, andere warm, beruhigend und erdverbunden. Im vierten Stockwerk befindet sich die Loft-Suite. Anjos | Rua de Santa Marta 48 | Metro Avenida | Tel. 21044 09 00 | www.nspirahotels.com/de/hotel-overview.html | 82 Standardzimmer, 6 Suiten und 2 barrrierefreie Zimmer | €€–€€€

ESSEN UND TRINKEN

Vegetarisches Restaurant PSI 🏃 F 3

Es gibt mehrere vegetarische Lokale in Lissabon. Das PSI ist aus meiner Sicht das freundlichste und angenehmste. Es liegt ein wenig verwunschen in einem kleinen Garten mit Teich, vielen Pflanzen und Bäumen. Der Großteil der Tische findet sich in einem Pavillon mit gläsernen Wänden, einige stehen aber auch draußen im Grünen. Die Gerichte sind überwiegend indisch, arabisch und mediterran inspiriert. Es gibt diverse Lassis und Tees. Sehr gut sind die Desserts, beispielsweise der Schokoladenkuchen oder der Apfel-Walnuss-Kuchen. In den Sommermonaten ist die Mangomousse sehr erfrischend.

Anjos | Alameda St. António Capuchos | Elevador da Lavra | Tel. 21 3 59 05 73 | www.restaurante-psi.com | Mo–Sa 12.30–22.30 Uhr (nachmittags kleinere Gerichte, Kuchen und Kaffee) | €€

EINKAUFEN

Biomarkt am Príncipe Real 🏃 E 4

Am Rande dieses kleinen, hübsch begrünten Platzes findet jeden Samstagvormittag bis 14 Uhr ein Biomarkt statt, auf dem Händler und Produzenten Gemüse, Obst, Oliven und Olivenöl, Kräuter, Brot und in den Sommermonaten auch Blumen verkaufen.

Viele Einheimische versorgen sich auf dem Markt am Rande des Bairro Alto. Danach sitzt man in dem kleinen Café Esplanada do Príncipe Real (Mo–Mi, So 9–23, Do–Sa 9–2 Uhr) nebenan auf der Terrasse unter dem großen Gummibaum, unterhält sich, liest Zeitung und genießt die Muße des Wochenendes, während die Kinder auf den Wiesen spielen. Am letzten Samstag im Monat gibt es hier einen Markt mit Kunsthandwerk und Antiquitäten.

Bairro Alto | Praça do Príncipe Real | Bus: Príncipe Real

Miosotis 🏃 E 2

Biosupermarkt mit umfangreichem Sortiment, darunter auch frisches Roggen- und Dinkelbrot, Schafskäse und -joghurt, Tofu, Käse- und Fleischtheke Obst, Gemüse, Milchprodukte sowie Ökokosmetik. Es gibt einen kleinen freundlich gestalteten Café-Bereich mit Mittagstisch und kleiner Kuchentheke.

Saldanha | Rua Marquês de Sá da Bandeira 16 A | Metro: São Sebastião | Tel. 21 314 78 41 | www.biomiosotis.com | Mo–Sa 10–20 Uhr

Reformhauskette Celeiro 🏃 F 4

Die »Celeiros« verteilen sich über die gesamte Stadt und sind eine portugiesische Reformhauskette. Man bekommt hier z. B. auch glutenfreie Nahrungsmittel der Marke Schär, Schüsslersalze und homöopathische Medikamente der Firma Heel sowie Ökokosmetik

Baixa | Rua 1º de Dezembro 65 | Metro: Rossio | Tel. 21 0 30 60 30 | www.celeiro-dieta.pt | Mo–Fr 8.30–20, Sa 8.30–19 Uhr

Eine-Welt-Laden 🏃 F 2

Hier, in der Loja Comércio Justo, gibt es das klassische Sortiment der Eine-Welt-Läden, aber auch Produkte aus Portugal. Dazu gehören die Liköre und Marmeladen aus Palmela. Dort wächst eine besondere Apfelsorte, der »Riscadinha«, der von einem Familienunternehmen namens Nobre Terra zu Marmelade und Likör verarbeitet wird. Zwei Frauen-Kooperativen aus der Serra de Montemuro im Norden Portugals

fertigen die sehr schönen Handarbeiten: Etuis, Kissen, kleine und große Taschen aus Burel (ein Walkstoff aus Schafwolle), Leinen und Baumwolle.
Die Kooperative »As Capuchinhas de Montemuro« arbeitet mit der Designerin Paula Caria aus Porto zusammen. Kooperativen wie diese sind auch deshalb so wichtig, weil mit der beschleunigten Modernisierung die traditionelle Handarbeit Ende des 20. Jh. eine Entwertung erfuhr und nahezu in Vergessenheit geriet. Viele Arbeitsperspektiven auf dem Land gingen verloren.
Picoas | Rua Tomás Ribeiro 9 | Metro: Picoas | Tel. 213172860 | www.facebook.com/LojaComercioJusto | Mo–Fr 10–19, Sa 10–14 Uhr

AKTIVITÄTEN
Rent a Fun   G/H 5
Die Agentur ist spezialisiert auf Fahrradtouren und Fahrradverleih: Im Angebot sind sechs geführte Touren von zweieinhalb bis sechs Stunden. Die kürzeste Strecke führt am Tejo entlang hinaus nach Belém, die längste zu den Stränden nach Cascais. Der Klassiker ist die dreistündige »Sieben-Hügel-Tour«. Für alle Routen stehen alternativ Elektrofahrräder zur Verfügung.
Wer die Stadt lieber allein mit dem Rad erkunden möchte, kann die Drahtesel auch leihen, mit und ohne Elektromotor. Die beste Strecke für Individualisten führt entlang des Radwegs vom Cais do Sodré bis Belém. Wer in den historischen Vierteln radeln will, dem ist eher eine geführte Tour zu empfehlen. Für Romantiker gibt es die Exkursion »Lisbon by night«, und »Go Green« führt zu den grünen Oasen Lissabons.
Alfama | Rua Cais de Santarém 34 | Metro: Terreiro do Paço | Tel. 218888129 | www.rent-a-fun.com | Mo–So 9–19 Uhr

Auch in Lissabon sind inzwischen Elektrofahrräder auf dem Vormarsch. Bei der Agentur Rent a fun (▶ S. 33) kann man sie ausleihen oder gleich an einer geführten Tour teilnehmen.

EINKAUFEN

Typische Mitbringsel sind Azulejos und Lederwaren, Fado-Musik eignet sich ebenfalls als Souvenir. Beliebt sind außerdem Portweine und originelle Delikatessen aus den verschiedenen Regionen Portugals. Stöbern Sie auch auf den Märkten der Stadt!

Mein persönlicher Schwerpunkt zum Thema Einkaufen hier und in den Stadtteilkapiteln liegt auf dem Emblem »Made in Portugal«. Aus zwei Gründen: weil mich begeistert, was sich hier tut und wie viel Kreativität und Unternehmergeist hier gezeigt wird. Mitten in der Krise entsteht ganz viel! Menschen werden erfinderisch und entdecken ihr eigenes Potenzial, das Potenzial ihrer Kultur und ihres Landes. Und: Natürlich ist es das Spannendste, in Lissabon Dinge für sich zu entdecken und zu kaufen, die genuin aus Portugal kommen und teilweise nur hier verkauft werden.

Hier aber zunächst ein kleiner Überblick, in welchen Gegenden sich was findet. Die internationalen Designer wie Prada, Gucci, Escada oder Carolina Herrera befinden sich im oberen, vor allem östlichen Bereich der Avenida da Liberdade. Dort hat auch 2010 auf Nr. 230 das erste exklusive Geschäft von »Fly London« eröffnet. Dahinter verbirgt sich cooles, inno-

◀ In der Conserveira de Lisboa werden die
Fischkonserven selbst verpackt (▶ S. 37).

vatives Schuhdesign aus Guimarães mit dem Motto »Don't walk, fly!«.
Eine angesagte Gegend sind weiter die Rua Escola Politécnica und die Rua
D. Pedro V, wo sich elegante oder auch extravagante Design- und Modege-
schäfte ansiedeln – mit portugiesischen Namen und Marken, die oft erfrischend und unkonventionell sind. Ein Beispiel: Alexandra Moura ma+s
bietet nicht nur die Mode der Designerin Alexandra Moura, sondern auch
zeitgenössische Keramik made in Portugal und Design von Studio Verissimo, das primär Materialien recycelt und witzig-originell umfunktioniert.
Im nahen Bairro Alto und Chiado sind ebenfalls portugiesische Modedesigner präsent: Fatima Lopes, Ana Salazar, Lena Aires oder auch José
Antonio Tenente. Und dann gibt's noch Storytailors, die das Motto ausgerufen haben, Träume maßzuschneidern. Und so sehen ihre Werke aus, die
sie in einem jahrhundertealten Gewölbe, in dem einst Gewürze lagerten,
ausstellen – und natürlich auch verkaufen: ein Gesamtkunstwerk.

EINZIGARTIG PORTUGIESISCH

Einmalig und landestypisch sind die kleinen Läden in der Rua da Conceição, die, banal gesagt, Kurzwaren verkaufen. Dabei sind es Orte, von
Liebhabern betrieben, die Knöpfe einzeln verkaufen und in kleinste Tüt-
chen verpacken, für Freunde eben solcher Knöpfe, oder auch Haarspan-
gen, Bordüren, Rüschen, Bänder, Federboas und so fort. Meistens rauscht
man mit der Straßenbahn dran vorbei und erhascht nur einen flüchtigen
Blick. Aber man sollte einmal aussteigen und wenigstens die Auslagen betrachten. Denn so etwas findet sich anderswo in Europa kaum noch. Einzigartig portugiesisch sind auch die alten Drogerien, die sich tapfer und
souverän gegen die Ketten von anderswo behaupten und sehr wenig mit
diesen zu tun haben. Eine typische Drogerie erkennt man bereits am
Schaufenster: Es ist übervoll beladen mit möglichst vielen Produkten, die
einen Eindruck davon geben, was man alles im Inneren bekommen kann.
Manchmal werden selbst im Schaufenster Waren aufgetürmt. Im Inneren
sieht es ähnlich aus. Auf kleinstem Raum stapeln sich die Waren bis zur
Decke, und über Leitern werden die gewünschten Produkte aus den Regalen in zwei oder drei Metern Höhe heruntergeholt. Es würde einen halben
Reiseführer füllen zu beschreiben, was es hier alles gibt.
Einiges davon, Seifen der Marke Claus Porto, die Herrenpflegeserie Musgo,
das obligatorische Lavendelöl oder auch die Zahnpasta Couto findet man

auch in dem Geschäft mit dem klangvollen Namen A Vida Portuguesa im Chiado. 2007 war es noch ein Vorreiter, als es begann, Produkte aus Portugal zu verkaufen, vielfach Klassiker, die einst zum Alltag gehörten und nun wiederentdeckt werden. Auch der typische fein gearbeitete, vergoldete Silberschmuck aus der Region Minho gehört dazu. Und ebenso die Fischkonserven, aber auch die Grün- und Schwarztees von den Azoren, die Schokoladen von Arcadia und die gestickten Liebeserklärungen, die »Lenços dos Namorados«, die die jungen Frauen einst ihrem Liebsten schenkten. Man taucht hier ein in das portugiesische Leben – »a vida portuguesa«, wie es der Name des Ladens passend beschreibt.

DIE UNVERGÄNGLICHEN KLASSIKER

Inzwischen haben auch andere das Potenzial der portugiesischen Produkte erkannt. Zu den Klassikern gehören Keramik, insbesondere Kacheln, Olivenöl, Fischkonserven, Wein, Portwein, Ginjinha (der Sauerkirschlikör), seit einiger Zeit auch Produkte aus Kork und im kulinarischen Bereich das »Flor de sal«, das in den Salinen bei Tavira an der Ostalgarve gewonnen wird. Und natürlich Fado-CDs, als sinnlich-emotionale Erinnerung an die Atmosphäre dieser Stadt – an Momente, in denen sich, kurz aufblitzend, etwas von der unergründlichen Seele Lissabons zeigt.

Ein anderes Beispiel für das wegweisende Zusammengehen von Tradition und zeitgenössischem Design ist Burel – ein Walkstoff aus Schurwolle, aus dem die Umhänge der Schäfer gefertigt wurden. Das bewährte Material erlebt heute eine Renaissance, und Designer kreieren Neues mit diesem vielfältigen, robusten und angenehmen Stoff. Das Geschäft Loja da Burel (▶ S. 18) im Chiado vermittelt eine Idee davon, was junge portugiesische Designer alles aus einem traditionellen Gewebe herstellen. Lissabon ist jung und kreativ. Alt und Jung, Kachelkunst und Street Art begegnen sich in dieser außergewöhnlichen Stadt.

BESONDERE EMPFEHLUNGEN
GESCHENKE

A Vida Portuguesa ⚑ F 5

Dem Reisenden erschließt sich hier, was in Portugal traditionell produziert wurde und wird. In den Räumen der einstigen Parfümmanufaktur David & David finden sich ausschließlich Produkte made in Portugal, wirkungsvoll in Szene gesetzt in dem alten Interieur.

Viele von ihnen sind Klassiker: Seifen traditioneller Marken, die Herrenpflegeserie Musgo, die Zahnpasta Couto oder die Porzellanschwalben der Manufaktur Bordallo Pinheiro, die Fischkonserven von Tricana und Minor, die Schurwolldecken oder der traditionelle Schmuck, der in Nordportugal an Festtagen getragen wurde. Doch es gibt auch zeitgenössische Produkte, etwa

Marmeladen und Konserven in originellen Verpackungen von heute.
Chiado | Rua Anchieta 11 | Metro: Baixa-Chiado | www.avidaportuguesa.com | Mo–Sa 10–20, So 11–20 Uhr

HANDSCHUHE

Luvaria Ulisses  F 5

Das 1925 gegründete Handschuhgeschäft ist ein Klassiker, und der schwere Brand 1988 im Chiado, der die beiden Kaufhäuser und die Pastelaria Ferrari vernichtete, hat diesen Teil der Rua do Carmo zum Glück verschont. So lässt sich noch heute dieser winzige, aber noble Laden bestaunen, mit den zwei Kissen auf der Theke, auf denen die Damen und Herren ihre Ellbogen aufstützen und sich vom kundigen Personal die handgenähten Handschuhe aus feinstem Lammleder überstreifen lassen. Die Luvaria Ulisses – der Name geht auf Odysseus zurück, der der Legende nach Lissabon gegründet hat – hat eine exklusive Fabrikation in der Baixa.

Chiado | Rua do Carmo 87 | Metro: Rossio oder Baixa-Chiado | www.luvaria ulisses.com | Mo–Sa 10–19 Uhr

KULINARISCHES

Conserveira de Lisboa G 5

Das Geschäft mit der größten Auswahl an Fischkonserven von Tricana, Minor und Prata do Mar, die als Marken von den einstigen Eigentümern der Conserveira geschaffen wurden. Ein Klassiker, bereits im Jahr 1930 eröffnet und nahezu originalgetreu erhalten, mit Regalen, in denen sich die Konserven in den traditionellen Verpackungen stapeln. Die Auswahl ist groß: Sardinen in Olivenöl oder auch mit Knoblauch, Zitronen, Piri-Piri, eingelegte kleine Tintenfische, Thunfisch, Makrelen etc.

Baixa | Rua dos Bacalhoeiros 34 | Metro: Terreiro do Paço | www.conser veiradelisboa.pt | Mo–Sa 9–19 Uhr

Weitere Geschäfte und Märkte finden Sie im Kapitel LISSABON ERKUNDEN.

Spezialität aus dem Norden: Der süße Portwein entstammt dem ältesten gesetzlich definierten Weinanbaugebiet der Welt – hier im Schaufenster eines Traditionsgeschäfts in der Baixa.

KULTUR UND UNTERHALTUNG

In den engen Gassen des Bairro Alto und in den Docks von Alcântara regiert das Amüsement. Hier beginnt das Nachtleben erst spät, aber dann herrscht bis in die frühen Morgenstunden Hochbetrieb. Oft steht auch Livemusik auf dem Programm.

Fado und Saudade – das sind die Begriffe Portugals, in denen sich Wehmut, existenzieller Schmerz und grenzenlose Traurigkeit begegnen. Nirgendwo drückt sich das Lebensgefühl Lissabons so perfekt aus wie in einem Fado, der mit ganzer Seele gesungen wird, begleitet von zwei Gitarren, der sechssaitigen und der zwölfsaitigen Guitarra Portuguesa. Manchmal sind es Lieder voller Trauer, manchmal brechen aber auch das Licht, der Wind und das Blau des Himmels und des Tejos in diese Musik ein und bringen sie zum Leuchten. Beides ist gleichermaßen ein berührendes Erlebnis.
Der Fado, der in den 1990er-Jahren vielen jungen Portugiesen als reaktionär und verstaubt galt, hat sich erneuert. Heute gibt es viele junge Fadistas wie Carminho, Gisela João oder die wunderbare Ana Moura, die den Fado meist, aber nicht nur, traditionell singen oder ihm, wie Deolinda, eine politisch-aufmüpfige Botschaft mitgeben und die Befindlichkeit der Portugie-

◀ Ana Moura, Fado-Sängerin der jungen Generation, gibt dem Fado ein neues Gesicht.

sen in der Krise benennen. Immer wieder tritt der Fado auch hinaus in die
Welt und begegnet Chanson, Tango oder Weltmusik. Misia und Dulce Pontes waren hier schon in den Neunzigern die Pionierinnen. Der Gitarrist
António Chainho hat 2009 mit seiner CD »LisGoa« eine Verschmelzung
von Fado und indischer Musik gewagt – sie ist durch und durch geglückt,
und diese CD hat mich oft abends beim Schreiben begleitet. Aber auch die
jungen Fadistas – der Name bezeichnet Frauen wie Männer, die Fado singen – im Mascote de Atalaia im Bairro Alto haben mich begeistert.

FEURIGE RHYTHMEN AUS DEN EHEMALIGEN KOLONIEN

Häufig sind es solche kleinen Orte, an denen die Besucher mit Lissabons
Kultur- und Musikszene hautnah in Berührung kommen, in Wohnzim-
merkneipen wie dem Café Tati in der Nähe des Cais do Sodré oder dem
Jazzclub Onda Jazz in der Alfama. Lissabon besitzt eine sehr vielfältige
Jazzkultur, die ihre Wurzeln auch im legendären, 1950 gegründeten Hot
Club Portugal (HTP) an der Praça da Alegria Nr. 48 hat. Doch die Stim-
menvielfalt ist viel umfangreicher: Mornas und Coladeras von den Kapverden gehören genauso dazu wie Bossa Nova aus Brasilien oder Kizomba aus Angola. Und manchmal mischt sich alles miteinander, Fado, Bossa
Nova, Jazz oder Morna, zu einem bunten Cocktail tropical.
Die Lissabonner sind sehr kulturbegeistert, und für Konzerte von Welt-
klassemusikern oder bekannten Fadistas muss man sich sehr frühzeitig
um Karten kümmern (online unter: http://ticketline.sapo.pt oder www.
bilheteiraonline.pt). Dies gilt auch für die Auftritte weltberühmter Musiker oder Orchester in der Gulbenkian-Stiftung. Tickets für diese Konzerte kann man nur über die Stiftung erwerben (Tel. 2 17 82 30 30). Wer unter 25 Jahre alt ist, erhält hier 50 % Ermäßigung, Senioren 30 %.
Bei Filmfestivals wie IndieLisboa oder DocLisboa sind vor allem die Vorführungen am Abend oft schon Tage vorher ausverkauft. Fremdsprachige
Filme werden in Portugal O.m.U. gezeigt. Bei den Festivalfilmen sind die
Untertitel üblicherweise in Englisch und Portugiesisch, sonst meist nur
Portugiesisch. Ein Schmuckstück in der Kinolandschaft ist die Cinemateca Portuguesa (www.cinemateca.pt) in der Rua Barata Salgueiro Nr. 39,
die sich in Retrospektiven dem Filmschaffen des 20. Jh. widmet und vielfach auch Klassiker oder Raritäten des portugiesischen Films zeigt, aber
auch Filme der Avantgarde von heute. Die Cinemateca in einem Stadtpa-

lais aus dem späten 19. Jh. ist zugleich ein kleines Filmmuseum, und allein schon die Interieurs der Räume im ersten Stock lohnen den Besuch. Über das aktuelle Kinoprogramm informiert z. B. die Website der Tageszeitung »Público«: http://cinecartaz.publico.pt. Auch Theater, zeitgenössisches Ballett und Ausstellungen haben einen hohen Stellenwert in der Lissabonner Gesellschaft. Das renommierte Festival de Almada zeigt alljährlich im Juli in Almada und Lissabon junges, ambitioniertes und experimentelles Theater aus ganz Europa. Das Ausgehviertel der Stadt ist nach wie vor das Bairro Alto, doch auch anderswo, um die Kathedrale Sé herum und am Tejo, entsteht eine lebendige Club- und Restaurantszene.

BESONDERE EMPFEHLUNGEN

CLUBS

B.Leza 🎵 F 5

In einer Lagerhalle mit großen Fenstern zum Tejo hat dieser afrikanische Musikclub seit März 2012 sein neues Zuhause. Das B.Leza, von 1995 bis 2007 in einem Stadtpalais aus dem 19. Jh. beheimatet, hat durchaus Kultstatus. Es ist der Ort für Livemusik aus Afrika. Anschließend wird die Nacht durchgetanzt, und in der Morgendämmerung geht man am Tejo entlang zur Metro oder zum Bootsanleger, um nach Hause zu fahren. Das Publikum ist bunt gemischt, ethnisch wie altersmäßig.

Wollen Sie's wagen?

Die »saudade« ist ein fast mythisch besetzter Begriff, der einen Teil der portugiesischen Seele beschreibt. Die Portugiesen sagen, die »saudade« lasse sich nicht übersetzen, weil sie ganz und gar ein Empfinden beschreibe, das nur ihnen zu eigen sei. Aber vielleicht fragen Sie mal eine Lissabonnerin oder einen Lissabonner – viele sprechen Englisch –, was für sie »saudade« bedeutet.

Cais do Sodré | Cais da Ribeira, Armazém B | Metro: Cais do Sodré | www.facebook.com | Mi–So 22.30–4 Uhr

Clube Ferroviario 🎵 J 4

Würden die Sitze nicht so sehr an ein Eisenbahnabteil aus den 1970er-Jahren erinnern, man würde sich hier an Bord eines Ozeanriesen wähnen, bereit, jederzeit abzulegen und die Weltmeere zu befahren. Die Terrasse des Clube Ferroviario, des Clubs der Eisenbahner, schwebt nahezu über dem Tejo, der hier bereits so weitläufig ist, dass er geradezu ozeanische Gefühle weckt. Der 2010 eröffnete Club bietet Gerichte für den kleinen Hunger, wie die Käse- oder Schinkenplatte, dazu werden diverse Weine und Cocktails serviert. Regelmäßig gibt es Livemusik, beispielsweise »Sunset Jazz«, oder auch Stummfilme mit Livemusik. Am Wochenende legen DJs auf. Der Kreativität sind an einem solchen Ort keine Grenzen gesetzt. Schön auch am Nachmittag zum stillen Genießen im Licht der Sonne.

Alfama | Rua de Santa Apolónia 59 | Metro: Santa Apolonia | www.facebook.com/clubeferroviario | Mo–Mi 17–2, Do, Fr 16–4, Sa 12–4, So 12–24 Uhr

Der Choreograf Rui Horta im Auditorium des CCB (▶ S. 41). Abends sorgen hier avantgardistische Tanz-, Theater- und Musikgruppen aus aller Welt für spannende Unterhaltung.

OPER/KONZERTE/BALLETT

Gulbenkian-Auditorium   📍 E1

Im Auditorium der Gulbenkian-Stiftung treten Musiker von Weltrang auf. Es ist die erste Adresse für klassische Musik in Portugal. Das Programm ist gleichermaßen erlesen wie vielfältig, und vereinzelt kann man auch Weltmusik oder Liveübertragungen von Opern der New Yorker Met beiwohnen.

Campo Pequeno | Av. Da Berna 45 | Metro: S. Sebastião oder Praça de Espanha | www.musica.gulbenkian.pt

Teatro Camões   📍 nordöstl. J1

Die Companhia Nacional de Bailado (CNB) ist Portugals staatliches Ballettensemble und residiert im luftig-klaren Teatro Camões des Architekten Manuel Salgado am Tejo-Ufer im Nationalpark. 2012 hat das CNB intensiv mit Anne Teresa De Keersmaeker gearbeitet, die für ein Jahr »Künstlerin der Stadt Lissabon« war. Die Früchte dieser Kooperation sind im aktuellen Spielplan des Ensembles noch sichtbar. Aber auch Inszenierungen einheimischer Choreografen wie Clara Andermatt, Olga Roriz, Paulo Ribeiro oder Rui Lopes Graça lohnen die Entdeckung.

Parque das Nações | Passeio do Neptuno | Metro: Oriente | www.cnb.pt

VERANSTALTUNGSZENTREN

CCB   📍 westl. A6

Neben der Kunstsammlung Berardo, Cafés, Restaurants und Konferenzräumen gehören zum Centro Cultural de Belém auch die beiden Auditorien. Hier wird ein buntes Repertoire mit Tanz, Theater und Konzerten geboten. Musiker wie Keith Jarrett oder Caetano Veloso traten im CCB auf, aber die Bühne gehört auch den Stars des Fado.

Belém | Praça do Imperio | Straßenbahn: Centro Cultural de Belém | www.ccb.pt

FESTE FEIERN

Besonders während der Feierlichkeiten zu Ehren der
Volksheiligen herrscht in der Stadt ein ausgelassener Trubel.
Festliche Umzüge, Kostüme und Musik beherrschen dann
das Geschehen und gefeiert wird bis tief in die Nacht.

Lissabons Festivalkultur wird seit Jahren üppiger, mit Jazz im Sommer in den Parks und an den Aussichtspunkten, Theater und Konzerten draußen. Das konzentrierteste Kulturprogramm bieten die Festas de Lisboa im Juni. Im Mittelpunkt steht das Fest des hl. Antonius von Padua am 13. Juni. Lissabon putzt sich für diesen Anlass fein heraus, ganz besonders in der Alfama. Dort ist die Verbundenheit zu Santo António am größten, wurde der große Heilige doch um 1195 in der Nähe der Kathedrale geboren.

FEIERN MIT SARDINEN, BASILIKUM UND GIRLANDEN

Höhepunkt der Feierlichkeiten ist die Nacht vom 12. auf den 13. Juni. An diesem Abend gibt es ab 21 Uhr ein großes Defilee, bei dem die Avenida da Liberdade zur Bühne wird für Gruppen aus den verschiedenen Lissabonner Vierteln, die sich mit aufwendigen Kostümen präsentieren. In der

◄ Am Vorabend der Dia de Santo António
findet die Parade »Marchas populares« statt.

gesamten Stadt wird gefeiert. Lange Holztische werden nach draußen gestellt, Sardinen gegrillt und Bier und Wein getrunken. Für eine Nacht oder gar ein paar Wochen im Juni sind Krise, Sorgen und Alltag vergessen.

DER SEGEN FÜR DAS BROT DES HL. ANTONIUS

Der hl. Antonius schläft derweil in seiner Kirche, der Igreja de Santo Antonio unmittelbar neben der Kathedrale, und bereitet sich auf seinen großen Tag vor. Am 13. Juni gibt es am Vormittag den Festgottesdienst, und das gesegnete »Brot des hl. Antonius« wird verteilt. Man sollte dieses winzige Stückchen Brot nicht essen, sondern aufbewahren. Dann wird man das ganze Jahr über keinen Hunger leiden. Am Nachmittag wird der Heilige in einer großen Prozession durch die engen Gassen der Alfama getragen, die über und über mit bunt schimmernden Girlanden geschmückt sind. Kinder verkaufen Töpfchen mit einem kleinblättrigen Basilikum (»manjerico«), einer Papiernelke und einem Segensspruch. Und es wird noch eine ganze Weile weiter gefeiert, viele warme Sommernächte lang. Lissabon bietet jedoch ganzjährig ein vielfältiges Kulturangebot.

APRIL

Peixe em Lisboa – Lisbon fish and flavour

Dies ist das wichtigste Festival für Gourmets und Fischliebhaber. Zu dem unschlagbaren Konzept gehören die Livekochshows und Kochworkshops im Patio do Galé am Terreiro do Paço, zu denen die Küchenchefs namhafter Restaurants aus dem In- und Ausland geladen werden. Im Mittelpunkt stehen Fisch, Schalentiere und Weine. Zudem wartet der Gourmetmarkt mit allerlei Köstlichkeiten auf. Das Tagesticket kostet 15 €, darin sind eine Kostprobe und ein Glas Wein sowie bei zeitnaher Voranmeldung auch die Teilnahme an den Kochworkshops enthalten. Parallel dazu bieten zehn Lissabonner Restaurants mit innovativer Küche während des Festivals ihren Gästen Probiermenüs für 5 bis 8 € an.

Anfang April | Baixa | Metro: Terreiro do Paço | www.peixemlisboa.com

IndieLisboa

Die Filmauswahl dieses Festivals bewegt sich am Puls der Zeit. Im Fokus stehen Independent-Produktionen aus aller Welt – Filme, die zumeist nur im Rahmen von Festivals zu sehen sind. Viele dieser Raritäten sind faszinierend, ungewöhnlich und eröffnen einen Blick auf andere Kulturen. Das Programm umfasst Kurzfilme, Fiktion, Dokumentation und auch die Sparte Kinderfilm. Die Streifen werden im Original mit Untertiteln in Englisch und Portugiesisch gezeigt.

Ende April | www.indielisboa.com

Auch die kanadische Jazzpianistin und Sängerin Diana Krall war beim EDP-Cooljazz-Festival (▶ S. 45) vor der Kulisse der Quinta do Marquês de Pombal in Oeiras zu Gast.

MAI/JUNI

Festas de Lisboa

Die Festas de Lisboa sind das große Kulturereignis im Jahreszyklus der Stadt. Sie umrahmen die Feierlichkeiten des hl. Antonius am 13. Juni. Lissabon schmückt sich, putzt sich heraus, und alle feiern: den Heiligen, den Sommer, die Sardine und das Leben.
www.festasdelisboa.com

Fimfa 🧍‍♂️

Das Internationale Marionettenfestival ist definitiv nicht nur etwas für Kinder, sondern für alle, die sich das Träumen und die Lust an der Magie und am Geschichtenerzählen bewahrt haben. Die Großen des Marionettentheaters kommen alljährlich zu diesem Festival in die portugiesische Hauptstadt und zeigen das Theater von heute, in das oft auch Animationen einbezogen werden.
3 Wochen Mitte Mai–Anfang Juni | www.tarumba.org

Alkantara-Festival – Mundos em Palco

Die Veranstaltungsreihe findet alle zwei Jahre im Mai und Juni statt. Gegründet von dem Belgier Mark Deputter, gehört sie mit Tanz, Theater und Performance zu den kulturellen Highlights von Lissabon. Das liegt nicht nur an den Ensembles aus aller Welt wie jenem von Bruno Beltrão. Die Macher suchen nach Begegnung und Berührung, auch an ungewöhnlichen Orten. So finden Aufführungen auch an Räumlichkeiten wie dem psychiatrischen Krankenhaus oder in einer Privatwohnung statt. Das Programm ist nicht weniger vielfältig und innovativ. Das Alkantara-Festival ist ein grenzüberschreitender Knotenpunkt, an dem die verschiedenen Genres zusammenkommen.

2 Wochen Ende Mai–Anfang Juni | www.alkantarafestival.pt

JULI

EDP Cooljazz

Bei diesem Festival in Oeiras, 18 km von Lissabon in Richtung Cascais, sind Stars wie Sting, Buena Vista Social Club, Diana Krall, Al Jarreau und Pat Metheny aufgetreten. Aber auch die einheimische Szene ist präsent. Als Locations für die Konzerte dienen der Garten des Adelspalasts des Marquês de Pombal und der Parque do Poeta.

Juli | Oeiras | www.edpcooljazz.com

AUGUST

Jazz em Agosto

Seit 1984 werden der Park und das Auditorium der Gulbenkian-Stiftung in Lissabon an den Hochsommerabenden Anfang August zur Bühne des Jazz, dessen Töne hier in den lauen Nachthimmel flirren. Und auch die ganz Großen des Genres wie John Zorn kommen gerne hierher. Im Programm findet sich stets Experimentelles, Neues und Gewagtes.

10 Tage Anfang August | Fundação Calouste Gulbenkian | www.musica.gulbenkian.pt/jazz

SEPTEMBER

Festival TODOS – Viajar pelo Mundo sem sair de Lisboa

Das Motto dieses Festivals heißt: »Die Welt bereisen ohne Lissabon zu verlassen.« Denn die Welt ist hier, in der Mouraria, wo Todos im September 2009 erstmals stattfand, zu Hause. Menschen aus Asien und Afrika leben hier und auch Studenten, Künstler und Kreative aus den Ländern Europas. Die verschiedenen Kulturen stellen sich bei Todos mit ihrer Küche, ihren Tänzen, ihrer Musik vor, z. B. mit Kora-Klängen aus Guinea-Bissau. Dazu gesellt sich ein Rahmenprogramm mit Weltmusik, Tanztheater, Ausstellungen und einem Zirkus. 2013 fand das Ereignis erstmals im Stadtteil São Bento statt.

4 Tage Mitte September | www.festivaltodos.com

OKTOBER

Doc Lisboa

Komplementär zu IndieLisboa wird im Spätherbst das Filmfestival DocLisboa veranstaltet. Die Dokumentarfilme im Wettbewerb nehmen nicht selten kritisch Bezug zum Zeitgeschehen. Den Schwerpunkt von »Heartbeat« bilden dagegen verschiedene Musikstile oder Bands. Dem Schaffen portugiesischer Dokumentarfilmer ist eine eigene Reihe gewidmet. Jeder Festivalbeitrag erzählt auf seine persönliche Weise etwas über das Leben, oft aus ungewöhnlicher Perspektive. So gehört das Festival zu den kulturellen Highlights im Herbst.

2. Oktoberhälfte | www.doclisboa.org

MIT ALLEN SINNEN
Lissabon spüren & erleben

Reisen – das bedeutet aufregende Gerüche und neue Geschmacks-erlebnisse, intensive Farben, unbekannte Klänge und unerwartete Einsichten; denn unterwegs ist Ihr Geist auf besondere Art und Weise geschärft. Also, lassen Sie sich mit unseren Empfehlungen auf das Leben vor Ort ein, fordern Sie Ihre Sinne heraus und erleben Sie Inspiration. Es wird Ihnen unter die Haut gehen!

◀ Ein Ort meditativer Entspannung: das Wasserreservoir Mãe de Agua (▶ S. 48).

ESSEN UND TRINKEN

Flor da Laranja   ✒ F 4

Man fühlt sich hier mehr wie im Wohnzimmer einer Wohnung, die auch in Marrakesch oder Casablanca liegen könnte. Und kann sich vorstellen, zu einem privaten Dinner eingeladen zu sein, wo die Gastgeberin und Köchin in einer Person sich mit ganzer Seele um das Wohl ihrer Gäste kümmert. Alles ist erfüllt von Duft – vom Duft des Tees, vom Duft der Gewürze, die die schonend und kenntnisreich zubereiteten Speisen bereichern. Das Licht ist gedämpft, die Atmosphäre entspannt und intim. Ein sinnliches Vergnügen mit marokkanischer Küche, die den Gaumen verwöhnt. Es gibt z.B. diverse Tajines – mit Lamm und getrockneten Pflaumen etwa oder vegetarisch. Und Nachtische wie aus 1001 Nacht, so der Orangenpudding mit Maracujasoße.

Bairro Alto | Rua da Rosa 206 | Bus: Príncipe Real | Tel. 213 42 29 96 | Mo–Sa 19.30–23 Uhr | €€€

STILLE UND MEDITATION

Taizé-Andacht in der Kirche São Nicolau   ✒ G 5

Die Lieder aus Taizé werden hier auf Portugiesisch gesungen, aus dem Liedheft, in dem die Texte in diversen Sprachen stehen. Und da nach Taizé ja auch Menschen aus aller Welt kommen, ist es kein Problem, diese schönen, meditativen Lieder auf Deutsch oder Englisch leise mitzusingen. Die Kirche ist weitgehend dunkel, und Kerzen spenden Licht. Vielleicht möchten Sie auch einfach nur lauschen, sich dem Gesang

und den begleitenden Gitarren sowie dem Ort selbst überlassen und sich davon berühren lassen.

Baixa | Igreja de São Nicolau | Rua Vitória | Metro: Baixa-Chiado (Ausgang Rua do Crucifixo) | Fr ab 19.45 Uhr

Das üppige Grün der Estufa Fria 🏃   ✒ E 2

Es erinnert an einen tropischen Garten, wild und üppig, mit zahlreichen Wasserläufen und kleinen Teichen inmitten von Sanseverien, Palmen, Bananenstauden, Hortensien, Farnen und Baumfarnen aus Tasmanien, um nur ein paar der unzähligen hier versammelten Pflanzen zu nennen. Es fehlen eigentlich nur die Papageien. Was die Vegetation betrifft, so lebt hier eine globale Gemeinschaft, u. a. aus China, Japan, Mexiko, Peru, Brasilien und Korea. Die Estufa Fria (»unbeheiztes Gewächshaus«) grenzt an einen Basaltsteinbruch, der von Wasseradern durchzogen ist. Dieses Wasser speist ganz natürlich die Bächlein und Teiche in der Estufa. Es gibt Grotten, in denen das Wasser plätschert. Die urbane Welt Lissabons scheint ganz weit weg zu sein. Es duftet, blüht raschelt. Und an lauschigen Plätzen laden Bänke zum Verweilen ein.

Selbst an heißen Sommertagen ist es hier angenehm kühl. Im Frühjahr blühen Kamelien und Rhododendren.

Die Estufa fria wurde 1930 eröffnet, nach Plänen des Malers und Architekten Raul Carpinha. 1975 wurden die kleinere Estufa quente, das warme Gewächshaus, und die noch wärmere Estufa doce mit der Kakteen-, Aloe- und Sukkulentensammlung eröffnet.

Draußen gibt es einen hübschen Kinderspielplatz und ein Kiosk-Café. Wenn man den Parque Eduardo VII hinaufgeht, kommt man in den Jardim Amália Rodrigues mit prächtigem Blick auf Lissabon und den Tejo, vor allem bei Sonnenuntergang. Ein Ort zum Entspannen ist auch die Terrasse des dortigen Cafés Linha d'Água an einem großen kreisrunden Wasserbecken.

– Café Linha d'Água | Saldanha | Jardim Amália Rodrigues | Tel. 21381 4327 | Mo–Sa 10–24, So 10–20 Uhr

– Estufa Fria | Saldanha | links oben im Parque Eduardo VII | Metro: Marques de Pombal oder Parque | http://estufafria. cm-lisboa.pt | Sommer tgl. 10–19, Winter tgl. 9–17 Uhr | Eintritt 3,10 €

Die Meditation des Wassers 👫 ⚑ E3

Das Wasserreservoir Mãe de Agua trägt den poetischen Namen »Mutter des Wassers«, und deren Bauch fasst rund 5500 m³ Wasser, einst von großer Bedeutung für die Trinkwasserversorgung Lissabons. Das Reservoir des Architekten Carlos Mardel wurde von 1746 bis 1834 gebaut. Das Rippengewölbe des quadratischen Baus ruht auf vier massiven zentralen Pfeilern, die im Wasser stehen. Die Wassertiefe beträgt um die 7,5 m. Es ist ein schlichter Ort von einer poetischen Schönheit, und

man sollte Zeit mitbringen, um zu verweilen, dem aus einem kleinen Wasserfall plätschernden Wasser zu lauschen und durch den Speicher zu spazieren. Eine Treppe führt hoch auf die obere Ebene, wo man einen Blick in die Mündung des Aquädukts erhaschen kann, und noch ein Stückchen höher auf die nicht so spektakuläre Dachterrasse.

Tipp: Der Besuch des Wasserspeichers lässt sich gut mit dem des Museums Vieira da Silva–Árpád Szenes verbinden. Der Jardim das Amoreiras lädt mit seinen hohen Bäumen, dem Spielbereich und dem Kiosk-Café mit Terrasse zu einer Rast ein. »Amoreiras« bedeutet übrigens Maulbeerbäume. Der Marquis de Pombal ließ sie hier anpflanzen, für die Zucht von Seidenraupen und zur Herstellung von Seide. Einige wenige gibt es noch, ebenso Robinien, Linden und einen kleinen Springbrunnen.

Rato | Praça das Amoreiras 10 | Metro: Rato | www.museudaagua.epal.pt | Di–Sa 10–18 Uhr | Eintritt 2 €

AKTIVITÄTEN

Kizomba tanzen ⚑ H4

Kizomba ist ein Tanz- und Musikstil aus Angola. Dort würden schon dreijährige Kinder den Hüftkick beherrschen, sie würden sich sogleich tanzend bewegen, sobald sie diese Musik hörten – so der Tanzlehrer einer deutschen Freundin, die gerne Kizomba tanzt, auch wenn es ziemlich kompliziert ist, den Hüftkick und die einzelnen Schrittfolgen hinzubekommen. Vielleicht schaffen das Deutsche auch einfach nicht. Weil sie nicht, wie der Tanzlehrer meint, schon im Bauch der Mutter Kizomba tanzen? Wahrscheinlich, dennoch macht es viel Spaß, und Ausprobieren kann man es im Steps, einer Bar mit Tanzschule, die dem Deutschen Arthur gehört.

Alfama | Rua Caminhos de Ferro 90 B | Metro: Santa Apolónia | www.steps.pt | Di 20.30, Fr 21.30 Uhr | 12 €/Person

Spaziergang im Mondschein

Also, es ist nicht leicht, über etwas zu schreiben, was ich, die Autorin, selbst anbiete und entwickelt habe: den Spaziergang »Lissabon im Mondschein«. Aber ich finde, er gehört hier in dieses Kapitel. Natürlich können Sie die Viertel, durch die dieser Spaziergang führt, Alfama und Graça, auch allein am Abend erkunden. Doch in Begleitung wird sich mancher Reisende sicherer fühlen. »Lissabon im Mondschein« führt zu stillen Plätzen. Dort gibt es, passend zum Ort, Literatur: kleinere Prosastücke oder Lyrik, von Fernando Pessoa, Natália Correia, José Cardoso Pires oder Florbela Espanca. Thema sind immer die Nacht und der Mond. Es geht bei diesem zweistündigen Spaziergang weniger um die Besonderheiten oder die Geschichte der Viertel. Es geht viel mehr darum, die Atmosphäre zu spüren, ab und an Fado-Gesang aus einem Restaurant zu erhaschen, ein wenig den spielenden Kindern in der Alfama zuzuschauen und die Gassen, Plätze und Miradouros auf dem Burghügel im Mondschein zu erleben.

Luaverde | Portugal für Genießer | www.luaverde.com | Tel. 217 27 96 83 | 20 €/Person, Kinder bis 12 J. frei

Die Kathedrale Sé Patriarcal im Licht des aufgehenden Mondes (▶ S. 49). Sie wurde bereits im 12. Jh. als Bollwerk des Christentums auf den Ruinen einer Moschee errichtet.

LISSABON
ERKUNDEN

Blick aus dem Führerstand der altehrwürdigen Lissabonner Straßenbahn (▶ S. 14).

EINHEIMISCHE EMPFEHLEN

Die schönsten Seiten Lissabons kennen am besten diejenigen,
die diese Stadt seit Langem oder schon immer ihr Zuhause nennen.
Drei dieser Bewohner lassen wir hier zu Wort kommen – Menschen,
die eines gemeinsam haben: die Liebe zu ihrer Stadt.

Sofia Tempero

1967 geboren, arbeitet als Historikerin seit 2010 für das interdisziplinäre Projekt »PISAL«, das den Bestand an Kacheln in Lissabon erforscht, dokumentiert und zu schützen versucht: »Das Schönste für mich in Lissabon sind die historischen Viertel und ihre Bewohner. Viertel wie Madragoa oder Graça haben sich ihre Identität bewahrt. Es sind lebendige Quartiere, mit Wurzeln, die, wie bei Madragoa, Jahrhunderte zurückreichen. Hier kann man auch sehr gut essen. Im Sommer sind die Sardinen im **O Arêgos** (▶ S. 102) und im **O** Tachadas (▶ S. 103) hervorragend. Und ich würde auch die **Adega dos Arco**= empfehlen, in der Rua do Merca Tudo. Dort gibt es »espetadas à madeirense«

An lauen Sommerabenden sitzt man auf dem Largo do Carmo (▶ S. 82) mit der 1755 zur Ruine gewordenen Igreja do Carmo bis tief in die Nacht unter den imposanten Jacaranda-Bäumen.

Das sind Fleischspieße, bei denen der Spieß aus Lorbeerblättern gerollt ist. Sie schmecken köstlich. Lissabon hat ein großes Kulturangebot. Ich schätze hier das **Teatro Camões** (▶ S. 41) mit zeitgenössischem Tanz und das Programm des **CCB** (▶ S. 41) in Belém.«

Joana Simão

1985 in der Algarve geboren, studierte Keramik an der Kunstschule AR.CO und hat seit 2013 ihr eigenes Atelier in der Mouraria: »Das Highlight ist für mich der wunderbare **Gulbenkian-Park** mit den **Museen** (▶ S. 110). Hier ist alles von höchster Qualität: die Konzerte, die Ausstellungen. Lissabon hat viele tolle Ecken. Die Praça Martim Moniz ist schön geworden, und ich trinke gerne einen Kaffee dort. Auch die **Casa do Independente** in der Mouraria mag ich. Das Essen ist lecker, und im Sommer gibt es Kino im Patio. Im Chiado finde ich die Rua Anchieta mit dem **Büchermarkt** am Samstag und den Largo do Carmo empfehlenswert. Die Praça do Comércio dagegen ist mir zu steril, zu sehr im Stile des Architekten Siza Vieira gestaltet. Mir fehlen da Bäume. Überhaupt könnte Lissabon grüner sein. Am Abend gehe ich gern ins **Anos 60** am

»Am liebsten sehe ich Lissabon vom Tejo aus. Dann zeigt sich seine ganze Schönheit«

Joao Abreu Valente

Largo do Terreirinho in der Mouraria, wo man am Wochenende zu afrikanischer Livemusik tanzen kann.«

João Abreu Valente

1985 in Lissabon geboren, er ist Designer und Töpfer mit Atelier in der Rua da Rosa im Bairro Alto: »Mein Name ist João, wohl der häufigste Name in ganz Portugal. Meine gesamte Familie hat ihre Wurzeln in Lissabon. Ich habe Design an der Hochschule der Schönen Künste in dem einstigen Franziskanerkloster im Chiado studiert, wo ich mit meinen Freunden auch wilde Partys veranstaltet habe. Ich liebe den Tejo. Seit meiner Kindheit segle ich mit meinem Vater, und der Blick vom Wasser auf Lissabon ist etwas ganz Besonderes. Wir entfliehen der Stadt, sehen sie aus der Distanz und nehmen ihre ganze Schönheit wieder wahr.«

ALFAMA ⭐

*Lissabons ältester Stadtteil, ein labyrinthartiges Gewebe,
geprägt durch enge Gassen und Treppchen, die zum Tejo hinabführen
Hier ist Lissabon am ursprünglichsten. Die Menschen leben dicht
beieinander, und es gibt noch drei Waschhäuser.*

Auf dem Burghügel liegen die Ursprünge der Stadt. Die Römer und später die Mauren haben hier gesiedelt. Bei archäologischen Forschungen ist einiges zum Vorschein gekommen. Das **Castelo São Jorge** ⭐ ist maurischen Ursprungs und wurde im 11. Jh. errichtet. Die Burganlage war in muslimischer Zeit Sitz der arabischen Elite. Nach der Eroberung durch die christlichen Kreuzritter 1147 wurde sie bis Anfang des 16. Jh. als Sitz der portugiesischen Könige genutzt. Auch Adlige ließen sich hier oben nieder. Ein Beispiel ist der Palácio Belmonte, heute ein Nobelhotel mit zehn Suiten. Wim Wenders drehte hier 1994 im Palast, der damals leer stand, Teiles seines Films »Lisbon Story«.

Die Alfama ist das einzige Viertel, das das Erdbeben von 1755 ohne schwere Schäden überstanden hat. Das mittelalterliche Stadtbild ist hier noch gut sichtbar. Der Kirche Santo Estevão fehlt seither eines der beiden

◀ Blick vom Castelo São Jorge (▶ MERIAN TopTen, S. 55) über die Gassen der Alfama.

Türmchen. An manchen Häusern finden sich noch blau-weiße Kachelbilder aus der Zeit vor und unmittelbar nach dem Erdbeben über den Türen: Sie zeigen Heilige, die das Haus beschützen sollen: den hl. Antonius, den hl. Marçal oder auch die Muttergottes.

VIEL LEBEN IN DEN GASSEN

Im Herzen der Alfama ist es eng und verwinkelt. Die Decken der alten Häuser sind niedrig, die Räume oft winzig. Dünne, durchlässige Membranen aus Stoff trennen das Innere der Erdgeschosswohnungen von der Straße. Wo der Wohnraum so klein ist, dehnt sich das Leben zwangsläufig auf die Gasse aus, auf das Café um die Ecke oder auf einen kleinen Platz. Die Alfama könnte auf den ersten Blick auch eine Kleinstadt auf dem Lande sein. Davon zeugen die Pflanzen vor den Türen, vereinzelte Töpfe mit Geranien an den Hauswänden, ab und an ein Olivenbaum. Es haben sich hier noch drei Waschhäuser erhalten, und es gibt auch öffentliche Duschen (Balneario Público) im Haus Nr. 19 in der Calçadinha do Santo Estevão. Unmittelbar darüber liegt die Kirche Santo Estevão.

SEHENSWERTES

2 Castelo São Jorge  G 4

Auf dem 112 m hohen Hügel bauten die Mauren im 11. Jh. eine Burg mit Verteidigungsanlagen. Die strategisch gute Lage ist unmittelbar ersichtlich – der Blick erstreckt sich weit über den Tejo. Heute genießt man vor hier oben einfach diese prächtige Aussicht auf das enorm gewachsene Lissabon und den Fluss, geht oben auf den Burgmauern spazieren, schaut sich die Funde aus der Zeit des 8. bis 18. Jh. im **Archäologischen Museum** an, dessen Schwerpunkt bei den Mauren liegt. Man sollte sich Zeit nehmen für die Anlage mit ihrem uralten, sehr unebenen Pflaster, den kleinen Grünbereichen, den Bäumen, den Pfauen und den Kunsthandwerkern. Am besten nehmen Sie ein kleines Picknick mit und verweilen hier eine Weile. Von 1147 bis 1503 war die Burg Sitz der portugiesischen Könige. Vom 17. bis Anfang des 20. Jh. wurde sie primär vom Militär genutzt.

Rua de Santa Cruz | Bus: Castelo, Straßenbahn: Miradouro Santa Lucia | Tel. 218800 20 | www.castelodesaojorge. pt | März–Okt. tgl. 9–21, Nov.–März tgl. 9–13 Uhr | Eintritt 7,50 €

1 **Igreja do Menino de Deus** ✈🚋 G 4

Diese Kirche ist ein verborgener Schatz. Sie liegt versteckt in einer Ecke des Burgviertels und ist, bis auf die Zeit der Messe um 7.30 Uhr, stets geschlossen. Im Inneren birgt der licht, hell und zart wirkende Bau den Reichtum eines bereits verfeinerten, zurückgenommenen Barock von Anfang des 18. Jh. Das Erdbeben hat dieser oktogonal gerundeten Kirche keine Schäden zugefügt, und so ist alles erhalten, still und erhaben. Wer die Kirche besuchen möchte, kann links an der Tür klopfen. Hier unterhalten die Nonnen der Gemeinschaft des Saint Joseph de Cluny einen Kindergarten und zeigen Besuchern, wenn sie Zeit haben, gerne ihre Kirche.

Calçada do Menino de Deus 27 | Straßenbahn: S. Tomé | Tel. 218 86 35 35

2 **Igreja de São Vicente** ✈🚋 H 4

Schon im 12. Jh. ließen sich auf diesem Hügel, auf dem im 9. und 10. Jh. ein christlicher Friedhof lag, Mönche des Augustinerordens nieder. Die heutige Kirche mit dem riesigen Klosterbereich wurde im späten 16. bis 18. Jh. gebaut. Das Innere des Klosters beherbergt noch die Zisterne aus dem 12. Jh. sowie eine weitere aus dem 16. Jh., dazu viele Wände und Treppenhäuser, die mit blauen Kacheln geschmückt sind, und

Innehalten mit Blick auf die Kathedrale

Mein persönliches kleines Glück: die Terrasse, die zum Museum des römischen Theaters gehört. Auf dieser kleinen, stillen Galerie ist man fast für sich allein (▶ S. 12).

eine Besonderheit: 38 Fliesenbilder mit Motiven aus den Fabeln von La Fontaine haben in das Kloster gefunden. Sie wurden im Museu Nacional de Azulejo restauriert, und begleitend sind kurz die Fabeln erzählt (Portugiesisch und Englisch). Es gibt eine archäologische Sammlung mit Funden von den umliegenden historischen Müllhalden: Münzen, Essgeschirr, Kleidungsreste – und eine Halskette aus Glasperlen, die einer

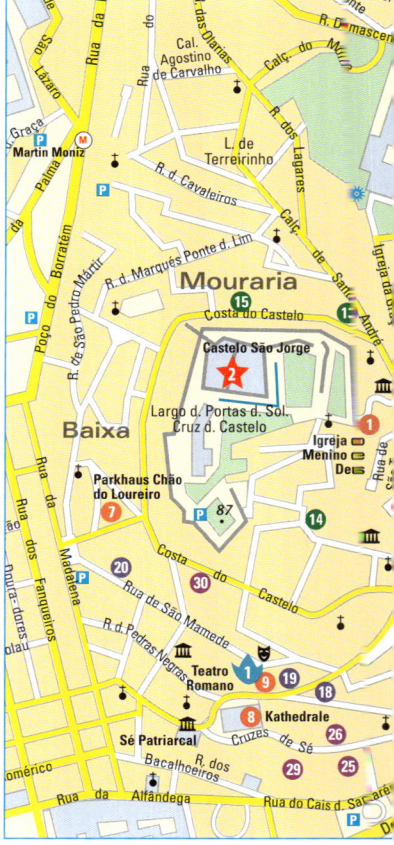

Sklavin gehört haben soll, die auf der Müllkippe verscharrt wurde. Dies ist ein Stück, das vielleicht mehr erzählt als viele andere dort ausgestellte Objekte.

Largo de São Vicente | Straßenbahn: Voz Operário | Tel. 218 81 05 00 | Di–So 10–18 Uhr | Eintritt Kloster 5 €

3 Judiaria   H 5

Die Judiaria ist das einstige jüdische Viertel, das aus dem Beco do Rosaria, der Rua da Judiaria, dem Largo de São Rafael und dem Beco das Barrelas bestand. 1497 führte König Manuel auf Betreiben Spaniens auch in Portugal die Zwangschristianisierung ein. In den Jahren zuvor waren viele Juden aus Spanien unter dem Druck der wachsenden Intoleranz nach Portugal gekommen. Am Largo de São Miguel soll das Jüdische Museum Lissabons entstehen.

Straßenbahn: Sé

4 Miradouro Portas do Sol H 5

Der Name dieses Platzes mit seiner über den Dächern der Alfama schwebenden Terrasse und der tollen Aussicht geht auf die Mauren zurück und bedeutet »Sonnentore«. Diese dürften sich hier in der maurischen Stadtmauer befunden haben, von der ein Stück auf der rechten Seite zu sehen ist.

Largo das Portas do Sol | Straßenbahn: Lg. Portas Sol

5 Miradouro Santa Luzia H 5

Einer der romantischsten Aussichtspunkte mit in die Steinmauern eingemauerten Sitzen, Kacheln, die leider stark beschädigt sind, und einer üppigen Bougainvillea. Zwei große Kachelbilder in Blau-Weiß an der Wand der **Kirche Santa Luzia** zeigen eine Ansicht Lissabons aus der Zeit vor dem großen Erdbeben und die Szene des Eindringens der Kreuzritter, insbesondere des Martim Moniz, in die maurische Burg.

Straßenbahn: Miradouro Santa Lucia

Wenn der Himmel und Tejo eins werden

Erleben Sie am Miradouro Portas do Sol in der blauen Stunde, wie der Burghügel zu einer Insel im Meer der Dämmerung zwischen Himmel und Wasser wird (▶ S. 12).

6 Pantheon H 4

Fast 300 Jahre lang wurde, 1683 beginnend, zögerlich und mit Unterbrechungen, an der Kirche Santa Engrácia mit ihrem barocken Stil und der Form eines griechischen Kreuzes gebaut. Die Kirche wurde aber nie als solche genutzt,

sondern seit 1966, zur Zeit der Diktatur, zum Pantheon zum Gedenken an die Großen Portugals umfunktioniert. Von der die Kuppel umlaufenden breiten Terrasse bieten sich prächtige Ausblicke auf Lissabon und den Tejo.

Campo Santa Clara | Metro: Santa Apolónia | Tel. 218 85 48 20 | Di–So 10–17 Uhr | Eintritt 3 €, Kinder bis 14 J. frei

Hoch über dem Tejo

Auf der leicht abfallenden Terrasse des Pantheons mit weißer Balustrade meint man, über Lissabon und dem nahen und hier sehr breiten Tejo zu schweben (▶ S. 13).

7 Parkhaus Chão do Loureiro G 5

Genau, schauen Sie sich, wenn Sie etwas Zeit haben, dieses Parkhaus an, das zugleich eine Galerie ist, an deren Wänden sich, legal, im Rahmen des Projektes »GAU«, fünf Street-Art-Künstler ausgetobt haben (▶ S. 116). Ganz unterschiedlich haben Mar, Nomen, Ram, Miguel Januário aka KissMyWalls und Paulo Arraiano aka YUP die Flächen gestaltet. Oben, auf der Terrasse der einstigen Markthalle, gibt es zwei Stadtansichten auf Kacheln und eine fantastische Aussicht nach Süden und Westen und hinauf zur Burg.

Rua Costa do Castelo, Rua da Madalena

8 Sé Patriarcal G 5

Die Kathedrale von Lissabon, die auch Santa Maria Maior genannt wird, ist Lissabons erste katholische Kirche, erbaut ab 1150, unmittelbar nach der Einnahme der Burg durch die Kreuzritter und in der Regentschaft König Afonso

Henriques. Sie wurde dort errichtet, wo zuvor die Moschee stand. Baumeister Roberto aus Südfrankreich hat sie den dortigen romanischen Kirchen entsprechend konstruiert und sich bei der Konzeption der dreischiffigen Kirche an der Kathedrale von Coimbra orientiert. Die Erdbeben von 1344 und 1755 zerstörten Teile, darunter den Chor, der im Stil des Barock wieder aufgebaut wurde.

Links vom romanischen Eingangsportal liegt das Taufbecken, in dem der hl. Antonius von Padua getauft wurde, der um 1195 ganz in der Nähe der Kathedrale von Lissabon geboren wurde. Auf der Südseite zeigen zwei Glasbilder den hl. Antonius mit dem Jesuskind auf dem Arm sowie den hl. Vinzent mit Palme und dem Schiff mit den beiden Raben im Arm. Er ist der Schutzpatron von Lissabon. Über dem Westportal zeigt eine Rosette Christus, umgeben von den zwölf Aposteln.

Largo Santo António da Sé | Straßenbahn: Sé | tgl. 9–19 Uhr | Kreuzgang 2,50 €

9 Teatro Romano   G 5

Nach dem Erdbeben 1755 kam dieses große Theater aus dem 1. Jh. n. Chr. zum Vorschein. Es zeugt von den vielfältigen Siedlungsspuren, die von den Römern geblieben sind, und von der Bedeutung Lissabons zu ihrer Zeit. Durch archäologische Ausgrabungen wurde es seit 1967 komplett freigelegt. Ebenso wie weitere Funde aus der Römerzeit, die ebenfalls hier ausgestellt sind. Das Theater, zwischen der heutigen Rua da Saudade und Rua São Mamede gelegen, fasste 3000 bis 5000 Besucher.

Rua de São Mamede 3 | Straßenbahn: Limoiro | www.museuteatroromano.pt | Di–So 10–13, 14–18 Uhr | Eintritt frei

Wollen Sie's wagen?

Im Waschhaus in dem engen Beco das Mexias in der Alfama reinigen die Bewohner der umliegenden Gassen ihre Wäsche noch per Hand in steinernen Zubern. Das Waschhaus ist öffentlich: Versuchen Sie doch, dort ein kleines Teil – einen Schal oder ein Paar Socken – auszuwaschen und auf diese Weise in Begegnung mit den Menschen zu kommen. Im Sommer kommt man hier am Nachmittag auch zum Fado-Konzert zusammen.

10 Waschhäuser   H 5

In der Alfama gibt es noch drei »lavadouros públicos«, öffentliche Waschhäuser, in die vor allem alte Menschen kommen – nicht nur um ein paar Kleidungsstücke per Hand in den Steinzubern zu waschen, sondern auch um der Einsamkeit ihrer Wohnung zu entfliehen und ein wenig zu plaudern. Die Waschhäuser liegen in der Rua do Corvo (Mo–Fr 9–12, 14–18 Uhr), Beco das Mexias (hier gibt es im Sommer ab und an am Nachmittag Fado) und im Patio do Prior. Das Waschhaus in der Rua do Corvo hat eine Waschmaschine, wo Bedürftige zu einem geringen Preis ihre Kleidung reinigen können.

MUSEEN UND GALERIEN
11 Museu do Fado ▸ S. 112

ESSEN UND TRINKEN
RESTAURANTS
12 Patéo 13   H 5

Fast wie ein Picknick – Ein auch von den Lisboetas geschätztes Restaurant ist der Patéo 13, wo man auf Bänken und an Holztischen unter Bäumen sitzt und nur auf dem Holzkohlengrill zubereiteten Fisch und Fleisch bekommt. Die halbe Küche befindet sich draußen, und man kann zuschauen, wie die gegrillten Paprikas für den Salat zubereitet werden. Der Service könnte allerdings etwas charmanter sein.

Calçadinha Sto. Estevão 13 | Bus: Casa do Conto | Tel. 218 88 23 25 | Di–So 12.30–15, 19.30–22.30 Uhr, Nov.–April geschl. | €€

⑬ Santo André 🚩 G 4

Schmackhaftes vom Holzkohlengrill – Einst gab es viele Lokale wie dieses, mit offenem Holzkohlengrill, wo man sehen konnte, wie Fisch und Fleisch zubereitet wurden. Heute ist es eines der Restaurants, die nicht nur den Hunger des Magens stillen, sondern auch den nach dieser schlichten und unprätentiösen Kultur von einst. Der Grill steht auf einer großen überdachten Terrasse mit einem Gummibaum und einem Wellensittich, und draußen zu essen, dicht an dicht, bereitet hier das größte Vergnügen. Die Gerichte sind traditionell portugiesisch, etwa die gemischte Fischplatte oder Reis mit Oktopus, die Portionen sind groß. Neben der Terrasse ächzt die Straßenbahn Nr. 12 hoch.

Alfama für Romantiker **4**

Am Abend eine Ginjinha in einer winzigen Taverne in der Alfama trinken und dann aufbrechen und sich zwischen engen Mauern und Fado-Lokalen im Gassenlabyrinth verlieren … (▶ S. 13).

Rua Costa do Castelo 91 | Straßenbahn: S. Tomé | Tel. 218 86 12 71 | Mo–Sa 12–22 Uhr | €€

CAFÉS

⑭ Café Belmonte 🚩 5

Kunst und Kaffee – Es liegt in den Mauern des Palácio Belmonte, quasi um die Ecke der Burg, und ich habe hier, in einem schönen Porzellantässchen, den teuersten Café und das teuerste Stück Kuchen in ganz Lissabon genossen. Ich empfehle es dennoch, weil es ein Ort mit besonderem Flair, schönem Gewölbe und künstlerischer Gestaltung ist. Ab und an spontan Klaviermusik live.

Patéo Dom Fradique | Straßenbahn, Bus: Castelo | Tel. 218 16 66 00 | www.palacio belmonte.com/de/belmonte-cultural-club-cafe/cafe-belmonte | tgl. 11–19 Uhr

⑮ Café da Garagem 🚩 G-

Tolle Aussicht – Dies ist ein Ort mit viel Atmosphäre, minimalistisch gestaltet, aber mit großen Glasfenstern nach Norden mit Blick auf den Hügel von Graça mit der Kirche darüber. Es ist schön, hier am Nachmittag einen Kaffee oder am Abend einen Wein zu trinken. Das Café gehört zum 1989 gegründeten Teatro da Garagem, das seit 2005 hier im Teatro Taborda beheimatet ist.

Rua Costa do Castelo 75 | Straßenbahn: S. Tomé | Tel. 218 85 41 90 | www.teatro dagaragem.com | Mo 18–24, Di–Do, So 15–24, Fr, Sa 15–2 Uhr

⑯ Deli Delux 🚩 H 5

Fast wie am Meer – Feinkosthandlung mit Café am Wasser – hell und atlantisch. Es kann passieren, dass die Kreuzfahrtriesen direkt vor dem Haus liegen und man keine Sicht hat. Dann fehlt der

Dienstags und samstags strömen viele Lissabonner auf die Feira da Ladra (▶ S. 62), was übersetzt »Markt der Diebin« heißt und auf die zweifelhafte Vergangenheit des Flohmarkts verweist.

Reiz des Ortes. Ich finde es am schönsten auf der Terrasse im Winter, mit leichtem Nebel über dem Fluss. Sehr gute Weinauswahl im Feinkostbereich. Speisekarte mit kleinen Mahlzeiten, einem Mittagsgericht, Suppen, frisch gepressten Säften. Die Croissants sind gut. Av. Infante Dom Henrique | Armazém B | Loja 8 | Metro: Santa Apolonia | Tel. 218 86 20 70 | www.delidelux.pt | Di–Fr 12–24, Sa 10–24, So 10–20 Uhr

BARS

⑰ Ginjinha da Sé　　　　　🔖 H 5

Guter Sauerkirschlikör – Hier lag lange eine Männerdomäne, eine dunkle, schmale Taverne, wo man unter sich war und die Zeit stillstand. Seit 2012 hat der Ort mit Maria aus Lissabon und Eduardo aus Peru neue Besitzer und hat sich doch den Charakter einer Taverne bewahrt. Es gibt kleinere Gerichte aus Portugal und Peru, z. B. die »causa«, die Eduardo zubereitet, ein Törtchen aus Thunfisch, Zwiebeln, Kartoffelpüree und Avocado Ein verführerisch guter Sauerkirschlikör wird im Schokoladenbecher serviert. Ob die Herren von einst noch kommen? Und wenn nicht, ob sie eine Ahnung haben, was ihnen entgeht? Rua São João da Praça 3 | Straßenbahn: Sé | mobil 913 39 03 19 | Mi–Mo 16–2 Uhr

EINKAUFEN

BÜCHER

18 Fabula Urbis 🏷 G 5

In der kleinen, sehr persönlich geführten Buchhandlung finden Sie die wichtigsten Werke portugiesischer Autoren auf Deutsch, darunter Pessoa, Saramago und Lobo Antunes. Der Schwerpunkt liegt bei Titeln zu Lissabon und portugiesischer Literatur, die auch in vielen Fremdsprachen angeboten wird.
Rua de Augusto Rosa 27 | Straßenbahn: Limoeiro | Tel. 218885032 | www.fabula-urbis.pt | tgl. 10–14, 15–20 Uhr

GESCHENKE

19 A Arte da Terra 🏷 G 5

Die ehemaligen Pferdeställe des Bischofs von Lissabon beherbergen heute ein Geschäft mit Namen »Die Kunst der Erde« mit Kunsthandwerk, Kulinarischem und Kleidung aus Portugal, darunter auch Unikate von Keramikern.
Rua de Augusto Rosa Nr. 40 | Straßenbahn: Limoeiro | www.aartedaterra.pt | tgl. 11–20 Uhr

KUNSTHANDWERK

20 Caulino 🏷 G 5

Keramik, die eigenwillig und originell ist wie die Frauen, die hier arbeiten, findet sich in diesem Gewölbe, das mehr Atelier als Geschäft ist. Mit Sofas und kleinen Tischen und einem großen, langen Tisch, an dem die Werke entstehen.
Rua de São Mamede ao Caldas 28 | Straßenbahn: Sé | Tel. 218886288 | http://caulinoceramicslisbon.blogspot.pt | Mo–Fr 11–19 Uhr

21 Coisas do Alberto 🏷 H 4/5

Bezaubernde Unikate des Künstlers Alberto Gourgel, der vor allem alte Koffer in allen Größen mit Collagen aus Papier und Fotos vergangener Jahrzehnte beklebt und verschönert. Der ganze Laden ist ein kleines Kunstwerk, dank Alberto, der auch hier arbeitet.
Rua do Salvador 83 | Straßenbahn: R. Escolas Gerais | Tel. 962480996 | Mo–Fr 11–19, Sa 16–19 Uhr

22 Olaria de Tiago Praça 🏷 H 5

Tiago Praça arbeitet in seiner Töpferei mit einer Drehscheibe und verziert die großen Teller mit Mustern, die an Vasarelys Kunst, aber auch an die grafisch gestalteten Kacheln Lissabons erinnern.
Rua do Salvador 57 | Straßenbahn: R. Escolas Gerais | mobil 962627008 | www.tiagopraca.blogspot.com | keine regelmäßigen Öffnungszeiten

MÄRKTE

23 Feira da Ladra 🏷 H 5

Der schräge Kult-Flohmarkt Lissabons den es schon seit Jahrhunderten gibt an verschiedensten Orten, mit Antiquitäten, Kacheln, Elektronik, Kunsthandwerk, Kitsch und Ramsch rund um die Markthalle von Santa Clara. Man sollte am Vormittag hingehen.
Campo de Santa Clara | Straßenbahn: Voz Operário | Di, Sa 9–18 Uhr

MODE

24 Garbags 🚩 🏷 G/H 4

Tânia Anselmo gelingt es, leere kunststoffbeschichtete Kaffeeverpackungen zu Handtaschen, Gürteln und sogar Sandalen zu verwandeln. Die Ergebnisse sind nicht nur einzigartig, sondern auch hundertprozentig ökologisch.
Alfama | Rua do Salvador 56 | Straßenbahn: S. Tomé | Tel. 212408442 | www.garbags.eu | Mo–Sa 10–19 Uhr

KULTUR UND UNTERHALTUNG
CLUBS
25 Onda Jazz 🚩 G 5

Zusammen mit dem **HotClub** ist dieser kleine intime Club in einem historischen Gewölbe in der Alfama die erste Adresse in Lissabon für Jazzliebhaber. Er fungiert bis 23 Uhr auch als Restaurant mit Fusion-Küche aus aller Welt. Die Musik ist nicht weniger weit gefasst, mit oft fließenden Übergängen zwischen Jazz, Fado, Morna und Artverwandtem aus Portugal, Afrika und Lateinamerika. Die Konzerte beginnen um 22.30 Uhr. Mittwochs steigt das Programm »Palco aberto« – eine offene Bühne mit freiem Eintritt.

Arco de Jesus 7 | Straßenbahn: Sé | Tel. 218 88 32 42 | www.ondajazz.com | Di–Do 20–2, Fr, Sa 20–3 Uhr

FADO
26 Clube de Fado 🚩 G 5

Das Restaurant gehört dem renommierten Gitarristen Mario Pacheco. Das Niveau des Fado hier ist anspruchsvoll, und es treten professionelle Fadistas auf. Wenn man erst nach dem Essen kommen möchte, gibt es die Möglichkeit, für 12,50 € einen kleinen Imbiss zu bestellen und den Fado zu genießen, falls man einen Platz bekommt. Kleiner Wermutstropfen: Der Clube de Fado wird oft auch von großen Reisegruppen besucht. Das stört etwas die intime Atmosphäre in dem ohnehin großen Raum. Möglichst frühzeitige Reservierung empfohlen.

Rua São João da Praça 86–94 | Straßenbahn: Sé | Tel. 218 85 27 04 | www.clube-de-fado.com | tgl. 20–2 Uhr | €€€

27 Clube Ferroviario ▶ S. 40

28 Mesa de Frades 🚩 H 5

Ein Kultort des Fado ist diese ehemalige Kapelle mit Kacheln aus dem 18. Jh. Im kleinen Gewölbe wird mit Blick auf die Fliesen gespeist, gegen 23 Uhr beginnt der Fado. Viele junge Fadistas treten auf, oft auch spontan, und je später der Abend, desto schöner die Stimmung.

Rua dos Remédics 139 | Metro: Santa Apolónia | mob | 917 02 94 36 | Mo–Sa ab 20.30 Uhr | €€€

LIVEMUSIK
29 Duetos da Sé 🚩 G 5

In dem im April 2012 eröffneten Café-Bar-Restaurant gibt es jeden Abend ab 22 Uhr Livemusik: Fado, Bossa Nova, Jazz, Weltmusik. Hinzu kommen eine verfeinerte portugiesische Küche oder »petiscos« für den kleinen Hunger.

Travessa do Almargem 1 | Straßenbahn: Sé | Tel. 218 85 00 41 | www.duetosdase.com | Di, Mi, So 12.30–24, Do–Sa 12.30–2 Uhr | Eintritt Konzert 5 €

VERANSTALTUNGSORTE
30 Chapitô – Bartô 🚩 G 5

Ein Kultort, entstanden aus dem Traum der Clownin Teresa Ricou. 1986 wurde hier das Chapitô gegründet, mit eigener Zirkusschule und Theaterproduktionen. Betörend ist die Sicht von oben aus dem Restaurant Chapitô à Mesa, in dem der renommierte Koch Bertílio Gomes Regie führt. Speisen kann man auch im romantischen begrünten Innenhof, mit Blick auf den Tejo. Kreatives Zentrum mit Livemusik von Fado bis Jazz, Kino und Theater ist das Bartô.

Rua Costa do Castelo 1–7 | Straßenbahn: Miradouro Santa Lucia | Tel. 218 85 55 50 | Bartô Di–So 22 Uhr, Chapitô à Mesa tgl. 13–2 Uhr

BAIXA

*Die Baixa ist das Zentrum der Stadt, mit einer reichen
Vergangenheit und den beiden bedeutendsten Plätzen Lissabons:
Rossio und Praça do Comércio. Nach Jahrzehnten des Niedergangs
erlebt das Viertel derzeit eine Renaissance.*

Die Baixa, Anfang des 20. Jh. noch der Stadtteil, in dem viele Firmen ihren Sitz hatten und zahlreiche Menschen wohnten, hat einen extremen
Einwohnerschwund erlitten, der immer noch sichtbar ist an den vielen
leer stehenden Häusern. Ein gravierendes Problem, das Investoren zögern lässt, ist der fehlende Parkraum in der Innenstadt, die nach dem
schweren Erdbeben vom 1. November 1755 für damalige Verhältnisse
sehr modern wiederentstanden war. Die Häuser wurden erdbebensicher
gebaut. In der Zeit nach dem Beben wurden auch die Straßen der Baixa
neu angelegt und nach Gewerben benannt, dem Geist des Aufbruchs und
der Vernunft entsprechend, den der Marquis de Pombal, der damalige
Erste Minister Portugals, verkörperte. So galt die Rua Aurea als die Straße
der Goldschmiede, die Rua da Prata als die der Silberschmiede, und in
der Rua dos Sapateiros befanden sich die Schuhmacher.

◀ Bequem hinauf in die Oberstadt: Elevador
Santa Justa (▶ MERIAN TopTen, S. 65).

Vielfältig sind die Initiativen, der
Baixa wieder Lebensodem einzu-
hauchen. Sie alle haben das klare
Ziel, Investoren und Bewohner für
dieses Quartier anzuziehen. Tagsüber flanieren zahlreiche Menschen durch die Straßen, sitzen auf
den Terrassen der Cafés in der Rua
Augusta, die die verbindende Ach-
se zwischen dem Rossio und der
Praça do Comércio darstellt. Dieser Platz hat wie die gesamte Baixa nach
1755 ein komplett neues Gesicht erhalten. Vom Jahr 1503 bis zu dem ver-
heerenden Erdbeben stand hier der Königspalast, den König Manuel I.
erbauen ließ. In seine Herrschaft fiel die Glanzzeit Lissabons, das durch
den ertragreichen Gewürz-, Gold- und Sklavenhandel damals zu einer
der reichsten Städte der Welt geworden war.

DIE UFERPROMENADE ERSTRAHLT IN NEUEM GLANZ

Die Praça do Comércio mit dem Cais das Colunas war jahrhundertelang
der Empfangsplatz Lissabons für Reisende aus aller Welt. Vor einigen Jahren wurde sie verkehrsberuhigt, neue Cafés mit großen Terrassen haben
eröffnet. Im März 2013 wurde die Promenade an der Ribeira das Naus
eingeweiht, die nun eine Verbindung zum Cais do Sodré herstellt. Sie
bringt ein Stück Lebensqualität zurück, nachdem durch jahrelange Bau-
projekte wie der Metroverlängerung bis zum Bahnhof Santa Apolonia der
Fluss durch Bauzäune abgesperrt und den Blicken entzogen war.

SEHENSWERTES

 Elevador Santa Justa F5

Es ist der einzige historische Aufzug
der Stadt, 1902 eingeweiht, eine Konstruktion von Raoul Mesnier de Pon-
sard, einem Schüler Eiffels. Die Eisen-
struktur bezieht sich aber ästhetisch
weniger auf das Industriezeitalter, als
vielmehr auf die Gotik und die Carmo-
Kirche aus dem späten 14. Jh. Oben auf
der umlaufenden Galerie hat man eine
schöne Aussicht auf die Baixa, den
Burghügel und die Ruine der Carmo-
Kirche gleich gegenüber vom Aufzug
Santa Justa. Er überwindet einen Höhenunterschied von 30 m und schafft
eine schnelle Verbindung zwischen den
Vierteln Baixa und Chiado.
Rua do Ourc | Metro: Rossio | tgl.
7–21.45 Uhr   Ticket 5 € (zwei Fahrten)

1 Igreja de Nossa Senhora da Conceição Velha   G 5

João de Castilho, einer der Baumeister des Hieronymusklosters, schuf das ausdrucksstarke, fein gearbeitete Renaissanceportal der Kirche. Im Tympanon birgt die Muttergottes unter ihrem wehenden Schutzmantel den knienden Regenten Manuel I., seine Schwester Leonora, Papst Leo X. und andere kirchliche Würdenträger. Am Teilungspfeiler des Portalbogens steht der Erzengel Michael. Dem Erdbeben vom 1. November 1755 hielt nur dieses Portal stand, die Kirche selbst wurde zerstört.

Rua Alfândega 108 | Straßenbahn: R. Alfândega

2 Igreja de São Domingos   G 4

Das im 13. Jh. errichtete Gotteshaus des Dominikanerordens erlangte traurige Berühmtheit beim Pogrom gegen die jüdische Bevölkerung, der hier 1506 nach einer Messe seinen Anfang nahm. Im Bewusstsein dieses gnadenlosen Massakers wurde der Platz 2008 neu gestaltet, mit einem Mahnmal und dem Satz »Lissabon. Stadt der Toleranz«, der hier, wo sich viele Schwarze treffen, in 34 Sprachen auf der Mauer geschrieben steht. 1531 wurde die Kirche bei einem Erdbeben stark beschädigt, 1755 bis auf die Sakristei und den Chor komplett zerstört und neu aufgebaut. 1959 vernichtete ein Brand den Innenraum. Die Kirche wurde erst 1994 wieder eröffnet, teils sind noch Brandspuren zu sehen.

Largo de São Domingos | Metro: Restauradores | tgl. 8.30–19.30 Uhr

3 Lisboa Story Centre 👫🚩   G 5

In dem im September 2012 eröffneten multimedialen Lisboa Story Centre wird die Geschichte Lissabons anhand von Geschichten und besonderen Ereignissen präsent und lebendig, mit Videos und vielen Modellen, z. B. der Karavellen, mit denen die Portugiesen bis nach Indien segelten. Ein interessantes Haus für Kinder wie für Erwachsene, die hier eine Zeitreise durch Lissabons Vergangenheit machen können.

Praça do Comércio 78 | Metro: Terreiro do Paço | www.lisboastorycentre.pt | tgl. 10–20 Uhr | Eintritt 7 € (inkl. Audioguide in Deutsch), Familienticket 18 €

4 Römische Ausgrabungen   G 5

Hier im Tal westlich des Burghügels haben bereits die Karthager zarte Spuren hinterlassen, viel stärker dagegen die Römer. Allein unter dem Gebäude der Millennium Bank zwischen der Rua Augusta und der Rua dos Correeiros wurden zwischen 1991 bis 1995 bei archäologischen Grabungen reichhaltige Strukturen aus der Epoche der Römer gefunden, darunter Thermen, Mosaiken, Teile eines alten Friedhofs und Fabriken, in denen die Würzpaste Garum hergestellt wurde. Heute werden auf Initiative der Bank auf Englisch und Portugiesisch Führungen durch diese unterirdische Schatzkammer Lissabons angeboten. Sie dauern etwa eine Stunde, sind kostenlos und sehr informativ.

Rua dos Correeiros 9 und 21 | Straßenbahn: R. Conceição | Tel. 2 11 13 10 04 | Mo–Sa 10–12, 14–17 Uhr

5 Rossio-Bahnhof   F 4

Der Bahnhof von 1890 mit seiner ungewöhnlichen Eingangshalle im neomanuelinischen Stil ist ein Schmuckstück Lissabons. Die Züge des Kopfbahnhofs fahren 2,6 km unterirdisch unter der

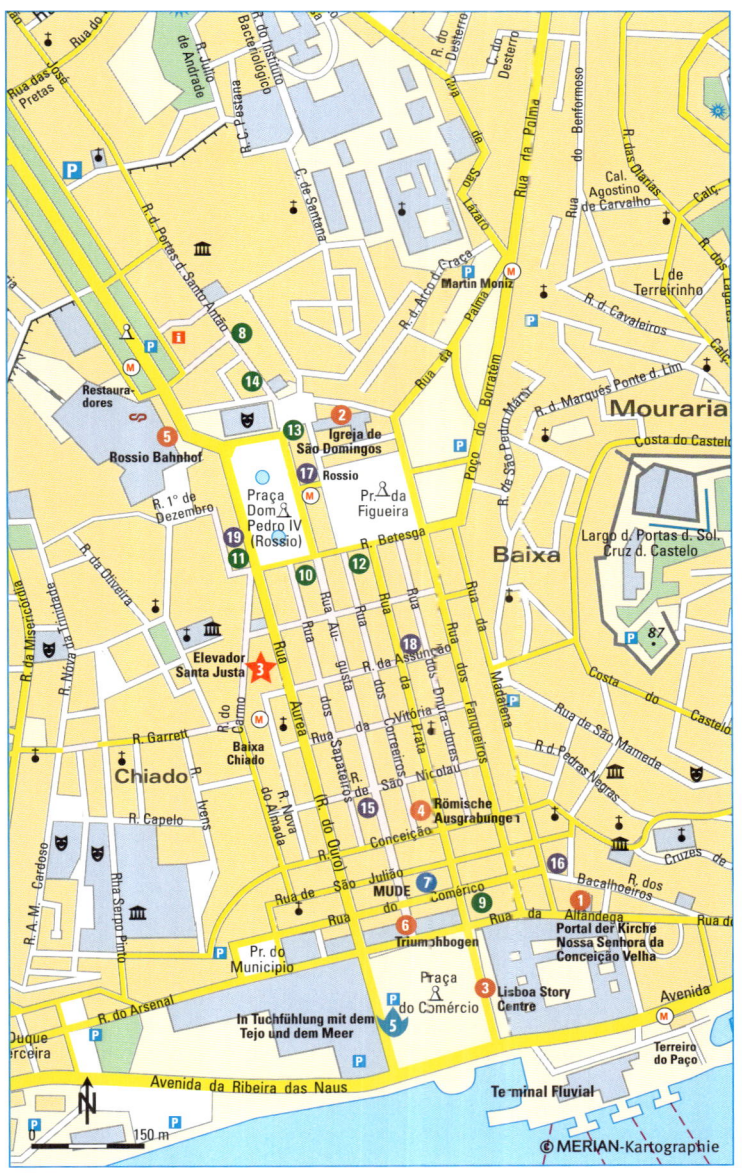

Mouraria

Baixa

Chiado

Restaura-
dores

Rossio Bahnhof

Praça
Dom
Pedro IV
(Rossio)

Igreja de
São Domingos

Rossio

Pr. da
Figueira

Martim Moniz

Elevador
Santa Justa

Baixa
Chiado

Römische
Ausgrabungen

MUDE

Triumphbogen

Pr. do
Municipio

In Tuchfühlung mit dem
Tejo und dem Meer

Praça
do Comércio

Portal der Kirche
Nossa Senhora da
Conceição Velha

Lisboa Story
Centre

Terreiro
do Paço

Terminal Fluvial

Avenida da Ribeira das Naus

© MERIAN-Kartographie

Die weitläufige Praça do Comércio schließt mit dem Triumphbogen (▶ S. 68) und der Reiterstatue von König José I. die Fußgängerpromenade der Baixa zum Tejo hin ab.

Stadt hinaus in Richtung Sintra, Anfang des 20. Jh. noch bis Paris. Durch zwei große hufeisenförmige Türen, die von einer Skulptur des mythenumwobenen Königs Sebastian bewacht werden, gelangen die Passagiere ins Innere und über Rolltreppen hoch zu den Gleisen.
Metro: Restauradores

6 Triumphbogen ▮▮ G 5

Der »Arco da Rua Augusta« von 1873 hat seit August 2013 eine Aussichtsterrasse, zu der man per Aufzug hochfahren kann. Oben steht man zu Füßen der Gloria mit allegorischen Figuren des Genius und des Wertes. Darunter steht auf Lateinisch: »Die Tugenden unserer Vorfahren, uns allen zur Unterweisung dienend.« Es sind die Tugenden der hier dargestellten vier Helden der Geschichte Portugals, auch wenn Viriatus gegen die römischen Eroberer kämpfte, lange bevor es Portugal gab.

Rua Augusta 2–10 | Straßenbahn: R. Conceição | tgl. 9–19 Uhr | Ticket 2,50 €

MUSEEN UND GALERIEN

7 MUDE ▶ S. 109

ESSEN UND TRINKEN
RESTAURANTS

8 Casa do Alentejo ▮▮ F 4

Ein verstecktes Juwel – Dieses Haus ist weit mehr als nur ein Restaurant. Es ist eine andere Welt. Draußen auf der belebten Straße mit den vielen Lokalen und ihren Terrassen lässt sich noch keineswegs erahnen, was sich hinter der schlichten Fassade verbirgt. Doch wenn man die Tür öffnet und die Treppe hochgeht, öffnet sich der Blick auf einen Innenhof mit orientalischem Flair – ein Patio mit Springbrunnen, maurisierenden Kacheln und Wandbekleidungen im Neomudéjar-Stil. Im zweiten Stock finden sich zwei Ballsäle von verfallender Pracht mit verspiegelten Wänden und Stuckdecken, ein Lesesaal und die beiden kleineren gekachelten Säle, wo das Restaurant untergebracht ist, in dem die rustikale Küche des Alentejo dominiert. 1932 wurde der Palácio Alverca zur Casa do Alentejo. Bis 1974 war hier ein Treffpunkt und Club für Mitglieder aus dieser Region, meist aus reichen Familien mit Großgrundbesitz. Erst mit der Demokratisierung des Landes öffnete sich dieses einzigartige Haus allen Menschen. Am Wochenende gibt es oft Vorführungen mit Musik und Tanz aus dem Alentejo.

Rua das Portas de Santo Antão 58 | Metro: Restauradores | Tel. 213 40 51 40 | www.casadoalentejo.pt | Restaurant tgl. 12–15, 19–23 Uhr | €€

9 Martinho da Arcada   G5

Hommage an Pessoa – Fernando Pessoa war dieses Lokal die liebste Schreibstube. Hier gedenkt man dem Dichter wie nirgendwo sonst in Lissabon. Gehen Sie hinein und blicken Sie sich um. Schauen Sie sich den nicht eingedeckten Tisch in der Ecke an, wo ein kleines Cafétässchen steht und ein Glas für den »spirituose«. Sein Platz ist für ihn vorbereitet, für den Fall, dass er wieder einmal vorbeischauen sollte – flüchtig, vergeistigt, wie er war, doch auch ein wenig, ein ganz klein wenig irdisch.

Davon, von dem Irdischen, gibt es hier ein kleines Dokument – einen Liebesbrief an das »Babylein« Ophelia Queiroz. Wenn Ihnen jetzt nach etwas durch und durch Irdischem ist: Die »pasteis de natas« hier sind sehr zu empfehlen. Es gibt zudem eine große Auswahl an Fleisch- und Fischgerichten, darunter auch Stockfischspezialitäten und eine Fisch-Cataplana. Im kleinen Restaurantbereich und auf der Terrasse werden mittags kleine, günstige Gerichte wie gegrillte Sardinen serviert.

Praça do Comércio 3 | Metro: Terreiro do Paço | Tel. 218 87 92 59 | www.martinho daarcada.com | Mo–Sa 12–15, 19–22 Uhr | €€€

10 A Tendinha   G5

Einst eine Legende – Ganz unscheinbar liegt dieses schmale, winzige Restaurant am Rossio. Man übersieht es fast. Dabei ist es ein Klassiker, 1840 eröffnet. Eine Fadista hat es besungen, Künstler kamen hierher, und Fado wurde gespielt, dicht gedrängt mit dem Publikum in diesem winzigen Raum. Das kann man sich heute kaum mehr vorstellen, aber man kann natürlich eine Kleinigkeit essen und einen Kaffee trinken. Nach wie vor besuchen hauptsächlich die Einheimischen dieses Lokal, während die Touristen die Terrassen des Café Nicola und der Pastelaria Suiça füllen.

Largo do Rossio 5 | Metro: Rossio | Mo–Fr 7–19 Uhr

CAFÉS

11 Café Nicola   F 4/5

Art déco und aromatischer Kaffee – Es ist eines der alten, noblen Cafés, die einst den Rossio bevölkerten. Dazu ge-

In Tuchfühlung mit dem Tejo und dem Meer   5

In der Dämmerung spazieren gehen, wo einst die Segelboote voller Waren anlegten, und einfach nur den Wind, die Weite und die Nähe des Atlantiks spüren (▶ S. 13).

hörten auch das Chave d'Ouro und das Brasileira do Rossio, das auch der Dichter Pessoa schätzte. Beide wurden in den 1960er-Jahren aufgegeben. Die Geschichte des Nicola reicht bis 1787 zurück, als hier der Italiener Nicola Breteiro ein Café eröffnete, das rasch vom Schriftsteller Bocage favorisiert wurde. Es schloss später und wurde unter gleichem Namen 1929 wieder eröffnet. Die Fassade hat der bedeutende Lissabonner Architekt Norte Junior gestaltet. Das elegante Innere im Stil des Art déco wurde 1935 arrangiert. Dort wie auch auf der Terrasse kann man den hervorragenden Nicola-Kaffee trinken, der im späten 18. Jh. eine Hausmarke war, aber inzwischen eine eigenständige Karriere gemacht hat. 2010 hat die Kaffeefirma übrigens ihren ersten Fairtrade-Kaffee auf den Markt gebracht. Largo do Rossio 24–25 | Metro: Rossio | Tel. 213 46 05 79 | tgl. 8–22 Uhr

⓬ Confeitaria Nacional 🏷 G 4/5

Salon der feinen Damen – Diese Konditorei ist fast ein Lissabonner Urgestein, und das Gebäck, das hier seit 1829 hergestellt wird, gehört mit zum süßesten und feinsten der Stadt. Im oberen Stock liegt der Salon mit Seidentapeten und Kristallleuchtern, in dem man all dies bei einem Kaffee oder einer heißen Schokolade kosten kann. Praça da Figueira 18 | Metro: Rossio | Tel. 213 24 30 00 | www.confeitarianacional.com | Mo–Sa 8–20, So 9–20 Uhr

BARS

Die traditionellen **Ginjinha-Bars** konzentrieren sich in der Nachbarschaft der Kirche São Domingos. Hier trinkt man vor allem eines: den Sauerkirsch-

likör, der zumeist aus Obidos oder Alcobaça kommt, idealerweise im Glas und mit Kirsche. Anderswo wird er auch im Schokoladenbecher serviert. Ein Tipp: Die Ginjinha-Bars sollte man in jedem Fall aufsuchen, wenn es in Strömen regnet und die Wettervorhersage weitere Unwetter verheißt. Es gibt kaum einen besseren Trost gegen atlantische Tiefdruckgebiete als Ginjinha, Portwein und deftiges Essen.

⓭ Ginjinha Espinheira 🏷 G 4

Das Original – Hier wurde der Ginjinha im Jahr 1840 erfunden, nach der Rezeptur eines Mönchs. Largo de São Domingos 8 | Metro: Rossio | tgl. 9–20 Uhr

⓮ Ginjinha sem Rival 🏷 F 4

Kirschlikör und Anisschnaps – Der »Nebenbuhler« schräg gegenüber eröffnete um 1890. Hier wird neben dem Kirschlikör der »Eduardinho«, ein Anisschnaps offeriert – eine Eigenkreation, die auf einen italienischen Clown zurückgeht, der beim nahe gelegenen Zirkus gearbeitet haben soll. Rua das Portas de Santo Antão 7 | Metro: Restauradores oder Rossio | tgl. 9–24 Uhr

EINKAUFEN

KULINARISCHES

⓯ Casa Pereira da Conceição 🏷 G 5

Eines der alteingesessenen Geschäfte der Baixa, im Jahr 1933 eröffnet und heute noch im Besitz der Familie Pereira da Conceição. Es hat seinen Stil bewahrt, und neben Süßigkeiten wie gezuckerten Mandeln gehören die eher seltenen Kaffees aus Timor und von den Inseln São Tomé und Fogo (Kapverden) zu den Spezialitäten des Hauses. Ein Kilo dieser Kaffees kostet zwischen 9,80 und 34 €. Die teuerste Sorte ist der Kaffee aus Timor.

Rua Augusta 102 | Straßenbahn: R. Conceição | Tel. 213 42 30 00 | Mo–Fr 9.40–13, 15-19, Sa 9.40–13 Uhr

16 Conserveira de Lisboa ▸ S. 37

17 Manteigaria Silva　　　🍃 G 4

Feinkosthandlung von 1956 mit Stockfisch, Pata-negra-Schinken, Käse, Oliven, Trockenfrüchten, darunter auch Ananasscheiben, Bonbons und Wein.

Rua D. Antão de Almada 1 | Metro: Rossio | Tel. 213 42 49 05 | www.manteigariasilva.pt | Mo–Sa 9–19.30 Uhr

MODE

18 A Outra Face da Lua　　🍃 G 5

Für die Nostalgiker, die Mode aus den vergangenen Jahrzehnten schätzen, ist dies der richtige Laden zum Stöbern:

Vintage-Mode und Accessoires, der Raum im Retro-Design und mit Café.

Rua da Assunção 22 | Metro: Rossio | Tel. 218 36 34 30 | www.aoutrafacedalua.com | Mo–Sa 10–20 Uhr

POSTKARTEN, ZEITUNGEN, TABAK

19 Tabacaria Mónaco 👫　　🍃 F 4

Die Tabacaria Mónaco, 1894 eröffnet, ist ein Ort der Sinnesfreude, zumindest für die Frösche auf den blau-weißen Kachelbildern. Rauchend, mit Sintra-Quellwasser anstoßend oder im Teich plätschernd, Gitarre spielend oder tanzend, turtelnd und einen Stier mimend geben sie sich dem genussvollen, aller irdischen Schwere entrückten Leben hin. Die Kunden des schmalen Geschäfts müssen sich aber schon bücken oder in die Knie gehen, um diese Bilder des süßen Lebens würdigen zu können.

Largo do Rossio 21 | Metro: Rossio | Tel. 213 46 81 91 | Mo–Fr 9–19, Sa 9–14 Uhr

Nicht jedermanns Sache, aber den Portugiesen ihre liebste Spezialität: Der knochentrockene Bacalhau (Stockfisch) – hier in der Manteigaria Silva (▸ S. 71) – diente früher als Schiffsproviant.

MOURARIA

Lange war die Mouraria das Problemkind Lissabons: unsicher,
schmuddelig, armselig. Doch gerade hier ist viel in Bewegung geraten,
und der Reichtum des so multiethnischen und unverstellten Viertels
wird wieder sichtbar. Das hat auch viele Künstler angezogen.

Die Mouraria erstreckt sich nordwestlich des Burghügels und unterhalb
der Kirche und des Klosters von Graça. Nach der Eroberung Lissabons
durch die Kreuzritter 1147 bekamen die Mauren diese Gegend zugewiesen, und nach ihnen wurde sie »Mouraria« genannt. Mit der religiösen
Intoleranz ab 1497 mussten sie Portugal verlassen. Unterhalb der Burg
liegen aristokratische Palais und Stadthäuser. Um die Kirche São Cristovão dagegen ist die Mouraria von kleinen Häusern und engen Gassen geprägt. Ende des 19. Jh. wurden die prächtigen Jahrhundertwendehäuser
entlang der Avenida Almirante Reis und am Largo do Intendente gebaut.
Die Praça Martim Moniz, an der die berühmte Straßenbahn »28« startet,
entstand durch den Abriss der Kirche Igreja do Socorro und weiterer Gebäude Mitte des 20. Jh. 1981 folgte eine zweite Abrisswelle. Rechts vom
Platz steht ein Einkaufszentrum, das eine Art »Chinatown« darstellt. Viele

◀ Wasserspiele an der sanierten und aufge-
werteten Praça Martim Moniz (▶ S. 72).

Menschen aus China, Indien, Paki-
stan und Bangladesch sind hierher
gekommen und haben Läden und
Restaurants eröffnet. Mit ihnen ist
die Mouraria Lissabons multiethnischstes Viertel geworden.
Die Gegend rund um den Largo do
Intendente wurde durch Drogen-
kriminalität sowie Prostitution zum
sozialen Brennpunkt der Stadt, und
lange schienen die Bewohner der Mouraria mit ihren Problemen allein gelassen. Dies hat sich inzwischen geändert. Es ist eine Geschichte, die Hoffnung macht. Wie es begann? Das ist nicht so ganz klar. Hier kam einiges
zusammen, allem voran der Wille von Menschen, deren Herz für dieses
Viertel schlägt. Ein erster großer Schritt war das Kulturfest Festival Todos
2009. Damals trat das L' Orchestre di Piazza Vittorio, eine Truppe mit Mig-
ranten aus Rom, auf dem Largo do Intendente auf. Mit diesem Konzert
wurde die Idee geboren, ein eigenes Orchester zu gründen: das Orchestra
Todos unter der Leitung von Pino Pecorelli. Auch das Kulturzentrum Casa
da Achada wurde 2009 eröffnet. Und Camila Watsons Projekt »Tribute«
kam an die Mauern des Beco das Farinhas. Seitdem Bürgermeister António Costa 2011 mit seinem Büro an den Largo do Intendente zog, hat sich
in der Mouraria viel verändert. Bänke wurden aufgestellt, Bäume gepflanzt
und ein Gemeinschaftshaus, die Mouradia, eröffnet. Dort gibt es jetzt Bil-
dungs- und Kulturangebote für die Bewohner aus aller Welt.

EIN KOSMOPOLITISCHES DORF

Die Mouraria ist ein Meltingpot mit ganz eigener Atmosphäre. In Straßen
wie der Rua do Benformoso hat man Europa verlassen und flaniert durch
eine asiatisch-islamische Welt. Die Grenzen verschieben sich fließend oder
sind ganz aufgehoben in einem multiethnischen Mikrokosmos. Zugleich
gibt es hier noch das Leben der einfachen Leute mit ihren nachbarschaftli-
chen Strukturen zwischen Stammkneipe, Drogerie, Café und Lebensmittelladen. Ähnlich wie die Alfama ist die Mouraria ein Dorf, nur ein sehr viel
kosmopolitischeres Dorf. Und der verborgene Reichtum der Mouraria mit
seiner Mischung aus Exotik und Authentizität wird immer sichtbarer.

SEHENSWERTES

① Colegio dos Meninos Órfãos

✈ G 4

Das gesamte Treppenhaus dieser ehemaligen Ordensschule für Waisenjungen, dem Colegio dos Meninos Órfãos, ist mit blau-weißen Kacheln aus der ersten Hälfte des 18. Jh. ausgekleidet. Die Kacheln zeigen detailreich Szenen des Alten und Neuen Testaments. Stockwerk um Stockwerk geht es höher, bis es in der vierten Etage mit einem Bild des jungen Jesus, der im Tempel lehrt, endet. Im Hinterhaus ist auch eine Tageseinrichtung der Santa Casa da Misericórdia für alte und bedürftige Menschen untergebracht.

Rua da Mouraria 64 | Metro: Martim Moniz

② Largo do Intendente

✈ G 4

Der repräsentative Platz wurde nach einem langen Niedergang seit 2011 neu gestaltet. In die einstigen Prachthäuser ziehen nun Designgeschäfte ein, neue Cafés eröffnen, in einem Haus gibt es ein »Artist-in-Residence-Projekt«. Joana Vasconcelos, Portugals kreativste bildende Künstlerin, hat eine Plastik für den Platz geschaffen: »Kit Garden« – ein begehbares Objekt mit roten Bänken, die umrahmt und umarmt werden von roten schmiedeeisernen Gittern in

---

Herzform und Sträuchern. Vielleicht ist es auch – als Ort für intime Stelldicheins – eine kleine Erinnerung und Reminiszenz an jene Damen, die hier einst ihre Körper verkauften.

Largo do Intendente Pina Manique | Straßenbahn: R. Palma

③ Metzgerei Inácios e Lopes

✈ i 4

1936 eröffnet und heute eines der letzten portugiesischen Geschäfte in der Rua do Benformoso, die ansonsten inzwischen sehr asiatisch anmutet. Mit einem Vorhang aus silbernen Ketten, innen hell gefliest, sachlich-nüchtern, verkauft die Metzgerei auch Käse aus Schaf-, Ziegen- und Kuhmilch sowie Oliven und Karamellbonbons. Hoffentlich bleibt dieser Laden, ein altes Stück Lissabon, der Mouraria erhalten!

Rua do Benformoso | Straßenbahn: R. Palma

④ »Retratos do Fado«

✈ G 4

Kurz, nachdem das Projekt »Retratos do Fado« von Camilla Watson im Mai 2013 mit 26 Fotografien bedeutender Fado-SängerInnen in der Mouraria eröffnet wurde, erklärte ein junger, cool wirkender Typ mit Jogginghose und kurz geschorenen Haaren im Gespräch: »Ja, das ist ein tolles Projekt. Es ist eine Ehrung für die Mouraria, für uns.« Die noch lebenden Fadistas hat die Britin Camilla Watson selbst fotografiert. Bei jenen, die bereits verstorben sind, hat sie Abzüge gemacht und auf die Fassaden gebracht, teilweise direkt auf das Mauerwerk – mit einer mobilen Dunkelkammer und einer lichtempfindlichen Silberemulsion.

Rua do Capelão, Rua da Guia u. a. | Metro: Martim Moniz

Dem Herzschlag der Mouraria lauschen

Setzen Sie sich auf die Bank in der Plastik »Kit Garden« am Largo do Intendente und betrachten Sie das Kommen und Gehen auf diesem bunten Platz (▶ S. 13).

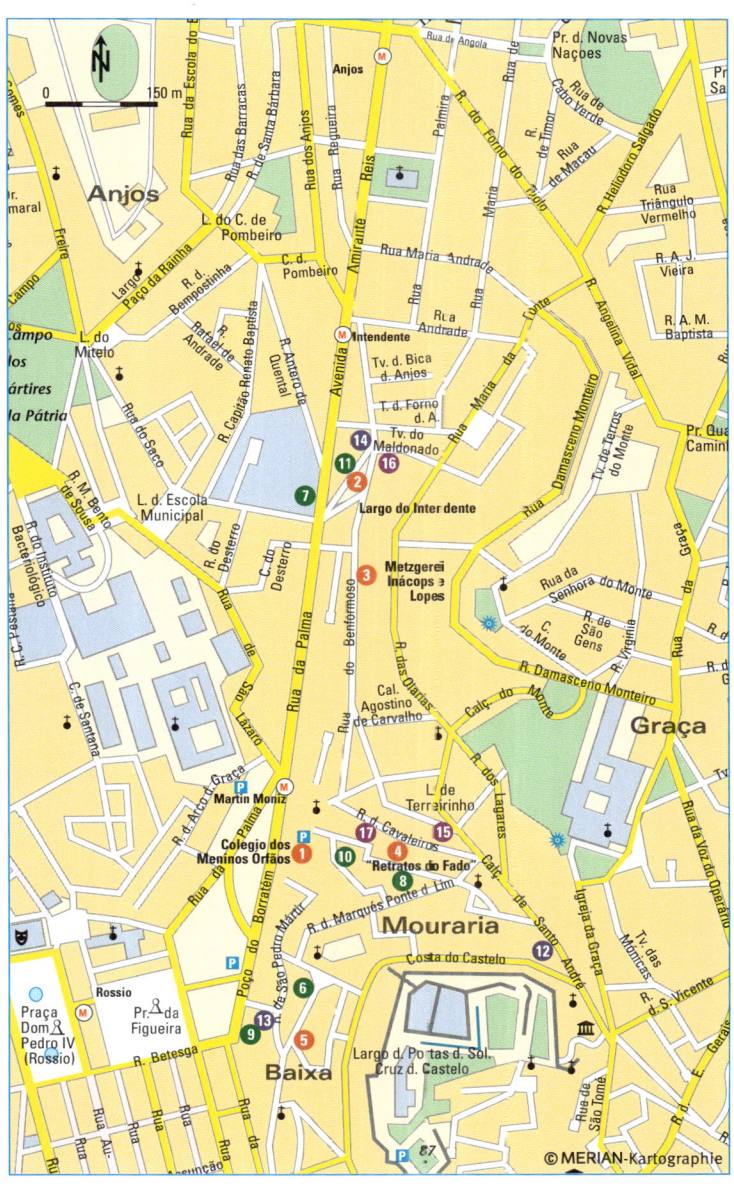

5 **»Tribute« von Camilla Watson**

G 4

Die britische Fotografin Camilla Watson spiegelt mit ihren Schwarzweißbildern auf den Mauern der alten Häuser die Gesichter der Bewohner. Der Spiegel ist einer, der den Menschen neues Selbstbewusstsein gibt. Uns dagegen lässt er hinter die Fassaden blicken, auf die einfachen Leute, die hier leben. Er bewirkt ein anderes Gespür für diese Gegend, eine Art der Begegnung. »Tribute«, ein seit 2009 fortgesetztes Projekt, zeigt an den Mauern des Beco das Farinhas Fotografien der alten Anwohner aus dieser Gasse und der Umgebung, z. B. Dona Laurinda, die Besitzerin einer winzigen Drogerie in der Rua São Cristovão. Camilla Watsons Atelier befindet sich direkt nebenan, am Largo do Trigueiro Nr. 16 A. Die britische Fotografin, die seit 2007 hier lebt, verkauft dort Abzüge ihrer Motive. Es gibt sie auf Papier, aber auch auf Kacheln.

Beco da Farinha | Metro: Rossio

ESSEN UND TRINKEN

RESTAURANTS

6 **Cantinho do Aziz**

G 4

Mosambikanisches Allerlei – In diesem familiären Restaurant mit der Leichtigkeit Afrikas kann man die Küche aus Mosambik kennenlernen. Der Sohn von Aziz, der es nun leitet, hat lange in England gelebt und freut sich über Gäste aus aller Welt. Typisch sind »matapa«, Kohl in Erdnusssauce püriert mit Kokosreis, dazu ein scharfer Dip, oder »makoufe« mit Shrimps, Krebsfleisch, Kohl und Kokosreis.

Rua de São Lourenço 5 | Metro: Martim Moniz | Tel. 218876472 | www.facebook. com/CantinhoAziz | tgl. 12–23 Uhr | €

7 **Cervejaria Ramiro**

G 4

Feinstes Meeresgetier – Das Ramiro ist ein Klassiker unter den Cervejarias, also jenen Restaurants mit eher rustikalem Ambiente, in denen man bevorzugt Bier trinkt und Schalentiere isst. 1956 eröffnet, ist es bis heute in Familienbesitz und wurde mit der Zeit zu einem der renommiertesten Lokale für Meeresfrüchte in Lissabon. Immer voll, laut, lebendig und von Einheimischen wie Touristen sehr geschätzt.

Av. Almirante Reis 1 H | Straßenbahn: R. Palma | Tel. 218851024 | www.cervejariaramiro.pt | Di–So 12–0.30 Uhr | €€

8 **The Food Temple** 🚩

G 4

Vegetarische Weltküche – Alice aus Kanada ist Lissabon und der Mouraria erlegen und hat sich den Traum eines kleinen Restaurants verwirklicht. Sie kocht hier seit Juni 2012 vegetarisch vegan. Es gibt einige spartanische Sitzplätze draußen an diesem immer noch etwas vernachlässigten Platz, der aber seinen eigenen Charme hat und das Potenzial der Mouraria ahnen lässt. Es gibt nur ein Hauptgericht und zwei, drei Vorspeisen, die täglich wechseln.

Beco do Jasmin 18 | Metro: Martim Moniz | Tel. 218874397 | www.the foodtemple.com | Mi–So 19.30– 24 Uhr | €€

9 **O Trigueirinho**

G 4

Klein und authentisch – Schlichtes, freundliches Restaurant, das auch Einheimische schätzen, serviert wird eine klassische portugiesische Küche.

Largo dos Trigueiros 17 | Metro: Rossio | Tel. 218881219 | https://pt-pt.facebook. com/restaurante.otrigueirinho | Mo–Fr 12–15, 20–22.30, Sa 12–15 Uhr | €

Wer durch die Gassen der Mouraria streift, wird immer wieder auf Fotografien von Camilla Watson an den Hauswänden stoßen. Sie sind Teil des Projekts »Retratos do Fado« (▶ S. 74).

🔟 Zé da Mouraria   🚩 G 4

Uriges Ambiente – Es ist fast noch ein Geheimtipp. In einer kleinen Seitenstraße liegt dieses Restaurant wie aus einer anderen Zeit, mit Knoblauch und Lorbeerzweigen an der Decke und Bildern von Fado-Sängern und Stammgästen an den Wänden. Auf den Tisch kommen gute Fleischgerichte aus der Pfanne, zubereitet in einer offenen Küche. Und riesige Portionen – eine reicht locker für zwei Personen.

Rua João do Outeiro 24 | Metro: Martim Moniz | Tel. 218 86 54 36 | Mo–Sa 12–16 Uhr | €€

CAFÉS

1️⃣1️⃣ O das Joanas 🚩   🚩 G 4

Schönes Ambiente – Das individuell gestaltete Kultur-Café der beiden Joanas hat im Juli 2012 eröffnet, mit einer herrlichen Terrasse unter Sonnenschirmen auf dem Largo do Intendente. Es gibt eine wechselnde Tageskarte mit kleineren Gerichten und hausgemachten Kuchen. Und dazu gesellen sich kleine Ausstellungen oder auch Konzerte auf winzigstem Raum.

Largo do Intendente 28 | Straßenbahn: R. Palma | Tel. 218 87 94 01 | www. facebook.com/pages/O-das-Joanas/

519613074719040 | Mo–Do 9–22, Fr 9–1, Sa 10–1, So 10–22 Uhr

EINKAUFEN

KUNSTHANDWERK

12 Joana Simão, Töpferei und Atelier ⚑ G 4

Joana Simão hat ihren ganz eigenen Stil, und ihre Werke, wie die Vasen, die über und über eine Art Tropfenstruktur haben, sind sehr zeitaufwendig. Durch die Calçada de Santo André fährt auch die Straßenbahn Nr. 12. In diesem oberen Bereich verändert sich gerade eine ganze Menge, ähnlich wie in der nahen Rua do Salvador in der Alfama. Junge Kreative eröffnen Ateliers und bringen neue Impulse sowie neues Leben in diese Gegend.

Calçada de Santo André 5 | Straßenbahn: R. Lagares | http://ideiasceramicas.blogspot.pt | Mo–Fr 10–19 Uhr

13 A Loja ⚑ G 4

Dieses Geschäft ist eine kleine Hymne auf Portugals Kunsthandwerk. Die Französin Gabrielle de Saint Venant hat es 2011 eröffnet und verkauft hier Keramik aus Portugal, darunter auch Objekte aus der bedeutenden Manufaktur Bordalo-Pinheiro, Kurioses und Vintage. Es ist außerdem eine Entdeckungsreise zu dem einen oder anderen Schatz, den Gabrielle hier, mit ihrer Liebe zur hiesigen Kultur, beim Stöbern auf Flohmärkten gefunden hat.

Rua de São Cristovão 3 | Metro: Rossio | www.facebook.com/ALoja.Lisboa | Mo–Sa 11–20 Uhr

14 Viuva Lamego ⚑ G 3

Hier ersteht man Kacheln und Keramik aus der renommierten Manufaktur, die heute im Umland Sintras angesiedelt ist und im Jahr 1849 am Largo

Wer auf der Suche nach schönen Keramikfliesen ist, sollte seine Schritte in Richtung des Showrooms der renommierten Manufaktur Viuva Lamego (▶ S. 78) am Largo do Intendente lenken

do Intendente in der Mouraria gegründet wurde. Der Chefkeramiker Luís Ferreira hat die außergewöhnliche, mit chinesisch inspirierten Figuren und Blumenmotiven gestaltete Fassade des Hauses von 1865 entworfen. Die Manufaktur reproduziert Motive aus den vergangenen Jahrhunderten, hat aber auch stets mit zeitgenössischen Künstlern zusammengearbeitet. So hat Viuva Lamego etwa Lissabons Metrostationen mit handgemalten »azulejos« (Kacheln) von Malern wie Hundertwasser (Oriente), Maria Helena Vieira da Silva und Arpad Szenes (Rato), Julio Resende (Jardim Zoologico) oder Françoise Schein und Federica Matta (Parque) ausgestattet, ebenso einzelne Untergrundstationen in Budapest, Mexico City, Stockholm und Sydney.

Largo do Intendente 25 | Straßenbahn: R. Palma | Tel. 218 85 24 08 | Mo–Sa 10–22 Uhr

KULTUR UND UNTERHALTUNG

AFRIKANISCHE RHYTHMEN

15 Anos 60   G 4

Dies ist eine Empfehlung von Joana Simão (▶ S. 53), die hier gerne hingeht, um afrikanische Musik live zu hören und zu den schnellen Rhythmen zu tanzen. Aber das Anos 60 ist auch eine Bar inklusive Restaurant, wo Konzerte mit Bossa Nova, Fado oder Jazz veranstaltet werden. Und auch die Freunde des Besitzers, des Journalisten Fernando Casanova, der in der Zeit der Diktatur zur Opposition gehörte, finden sich am Abend häufiger hier ein.

Rua do Terreirinho 21 | Straßenbahn: Lg. Terreirinho | http://baranos60. blogspot.pt | Mo–Sa 21.30–4, Konzerte ab 23 Uhr

ALTERNATIVKULTUR

16 Casa do Independente   G 3

Hier gibt es: »Kunst und Musik, die wie Tigermilch für die Seele sind.« Das klingt doch überzeugend, oder? Das Unabhängigkeitshaus (Independente, eine minimale Veränderung des »Interdente«, des Polizeichefs, nach dem dieser Platz benannt ist) liegt im ersten Stockwerk eines Hauses aus dem 19. Jh. und ist ein etwas subversiv-widerspenstiges Kind der Transformation dieses sozialen Brennpunkts zu einem der Hotspots der Stadt. In der **Tasca Tropical** mit dem begrünten Innenhof stehen kleine und größere Gerichte und hausgemachte Kuchen auf der Karte. Im schrill-schrägen Salon mit großen Fenstern zum Platz gibt's am Wochenende oft Livemusik.

Largo do Intendente 45 | Straßenbahn: R. Palma | www.casaindependente. com | Di–Sa 11–23, Salon und Bar Fr, Sa bis 2 Uhr

FADO

17 Casa da Severa 🚩   G 4

In den Gassen der Mouraria wurde im 19. Jh. auch der Fado geboren. Konkret verbindet sich dies mit dem Haus der Fado-Sängerin Maria Severa, die hier 1846 mit nur 26 Jahren an Schwindsucht starb. In dem von der Stadt Lissabon renovierten Anwesen hat der Fado-Sänger Helder Moutinho im Juli 2013 ein Restaurant mit anspruchsvollem Fado eröffnet. Bei den Speisen dominieren »petiscos«, etwa Tintenfischsalat, Oliven, Brot, Käse, dazu Wein.

Largo da Severa 2 | Metro: Martim Moniz | www.facebook.com/casadasevera | Di–Sa 19–2, Fado Do–Sa ab 22 Uhr | €€

CHIADO

Im Chiado gibt sich Lissabon elegant, glamourös und kosmopolitisch. Hauptanziehungspunkt ist die Rua Garrett mit ihren exklusiven Geschäften und dem historischen Café A Brasileira Hier geht es vor allem um eines: sehen und gesehen werden.

Es ist das Viertel, in dem sich eine Menge Highlights auf engem Raum konzentrieren. Hier wurde am 25. April 1974 auf dem Largo do Carmo revolutionäre Geschichte geschrieben. Die heutige Bebauung stammt weitgehend aus der Zeit nach dem Erdbeben 1755. Im ehemaligen Kloster der Heiliger Dreifaltigkeit wurde 1836 Portugals erstes Bierhaus eröffnet. Mit der Blütezeit im späten 19. Jh. und dem erstarkenden Bürgertum wurde der Chiado zur ersten Adresse der Stadt. Die Oper wurde bereits 1793 eingeweiht, das Teatro São Luíz 1894. Seit dem späten 19. Jh. eröffneten in der Rua Garrett Rua do Carmo und Rua Nova de Almada Lissabons schönste Geschäfte darunter die beiden Kaufhäuser Grandella und Armazens do Chiado. Von beiden ist nur noch die Fassade erhalten. Das Innere ist dem Brand von 1988 zum Opfer gefallen. 18 Häuser wurden damals zerstört. Für die Lissabonner zerfiel hier das pulsierende Herz ihrer Stadt zu Asche.

◄ Schon der Dichter Fernando Pessoa wa
Stammgast im Café A Brasileira (▶ S. 81).

Die Beseitigung der Schäden und die Sanierung nahmen fast zehn Jahre in Anspruch. Der renommierte Architekt Alvaro Siza Vieira leitete die Baumaßnahmen. Einige Geschäfte mit Interieurs aus dem späten 19. und frühen 20. Jh. finden sich noch im Chiado. Als Zeitzeugen geben sie indirekt einen Eindruck davon, was durch den Brand verloren ging. Hier einige Beispiele: in der Rua Garrett der Juwelier Aliança (heute: Tous), die Feinkosthandlung Casa Pereira, Paris em Lisboa und das Café A Brasileira. Ein verstecktes Kleinod ist der vergoldete Aufzug mit seinen Samtbänkchen bei Benetton.

HIER TRAF SICH DIE BOHEME

Der Chiado wurde im 19. Jh. auch zum Viertel der Boheme und das Café A Brasileira im 20. Jh. einer ihrer wichtigsten Treffpunkte. Im Übergang von Chiado und Bairro Alto steht auf dem nach ihm benannten Platz seit 1867 die Skulptur, die Luís de Camões repräsentiert, den großen Dichter des 16. Jh., dessen Todestag, der 10. Juni, Portugals Nationalfeiertag wurde.

SEHENSWERTES

❶ Barbearia Campos   🖈 F 5

Inzwischen Portugals ältester Friseur- und Barbiersalon, im Jahr 1886 eröffnet. Viele andere haben ihr Handwerk aufgegeben, doch die Barbearia Campos mit ihrem alten Interieur, den Marmorwaschbecken, dem Samowar und der handbetriebenen Mangel aus dem 19. Jh. hielt dem Sturm der Umwälzungen und Modernisierungen stand und trotzte ihm. Auf den Friseurstühlen saßen allerlei Berühmtheiten, darunter auch zwei königliche Hoheiten: Carol von Rumänien ebenso wie Umberto II.

von Italien, beide gegen Ende des Zweiten Weltkriegs ins sonnige und ihnen wohlgesonnene Portugal geflohen.
Largo do Chiado 4 | Metro: Baixa-Chiado (Ausgang Largo do Chiado) | www.facebook.com/Barbearia.Campos | Mo–Sa 10–14, 16–19 Uhr

❷ Café A Brasileira   🖈 F 5

Das 1905 eröffnete Café verkaufte zunächst Kaffee aus Brasilien sowie exotische Produkte wie Guavengelee. 1908 wurde es zum Kaffeehaus umfunktioniert und von den Bohemiens begeistert angenommen. Es war die Glanzzeit der

»tertulias«, der Stammtische. Die Möbel, Stühle und Spiegel hier könnten von den bewegten Zeiten erzählen, die das Café miterlebt hat: vom Sturz der Monarchie 1910 über die Republik, die 48 Jahre der Diktatur und den Neuanfang mit der Nelkenrevolution am 25. April 1974. Dichter, Maler, Politiker und Journalisten kamen hier zusammen, tranken, rauchten, debattierten oder schrieben, wie Fernando Pessoa, Gedichte auf ein Stück Papier. In den Jahren vor der Nelkenrevolution war es eines der Cafés der Opposition. Noch heute gibt es eine »tertulia«, einen Stammtisch, den einige Künstler am Vormittag unter der Woche pflegen. Sie trinken den Kaffee, der exklusiv für das Café produziert und in der Rua do Salitre geröstet wird.

Rua Garrett 120 | Metro: Baixa-Chiado (Ausgang Largo do Chiado) | Tel. 213 46 95 41 | tgl. 8–2 Uhr

❸ Cervejaria da Trindade 🚩 F 5

In dem einstigen Kloster des Dreifaltigkeitsordens eröffnete 1834 ein Galicier Portugals erste Brauerei, seit 1840 mit Ausschank. Der Speisesaal des Bierhauses wurde 1863 mit Kacheln von Luís Ferreira gestaltet. Die Bilder zeigen allegorische Darstellungen der Elemente Erde, Wasser, Wind und Feuer und der Jahreszeiten. Im Eingangsbereich der Cervejaria ist ein Zyklus mit Freimaurermotiven zu sehen. Im ehemaligen Kreuzgang kann man heute auch auf einer Terrasse im Grünen speisen. Zu den Spezialitäten gehören Schalentiere und Stockfischgerichte.

Rua Nova da Trindade 20 | Metro: Baixa-Chiado (Ausgang Largo do Chiado) | www.cervejariatrindade.pt | tgl. 12–24 Uhr | €€€

❹ Igreja de Nossa Senhora da Encarnação 🚩 F 5

Lissabon hat viele prächtige Kirchen aus der Zeit des Spätbarock. Dieses der Jungfrau Maria geweihte Gotteshaus ist besonders harmonisch proportioniert, die Wände und Seitenkapellen sind mit rosafarbenem Marmor akzentuiert. Das gesamte Bauwerk inklusive der Deckenfresken ist marianisch geprägt. Eine eindrucksvolle, modern gestaltete Kapelle in Form einer Höhle ist der italienischen Heiligen Maria Goretti geweiht. Der Künstler João José de Souza Araujo schuf sie im Jahr 1954.

Largo do Chiado 15 | Metro: Baixa-Chiado (Ausgang Largo do Chiado) | Mo–Fr 7.30–20, Sa 8.30–12, 15–20, So 8.30–13.30, 15–20 Uhr

❺ Largo do Carmo und Igreja do Carmo 🚩 F 5

Dieser Platz mit Jacaranda-Bäumen die im Mai in üppigen lila Trauben blühen, hatte eine entscheidende Bedeutung in der Geschichte Portugals. Der Feldherr Nuno Álvares Pereira ließ nach dem Sieg in der Schlacht von Aljubarrota 1385 gegen die Spanier an diesem Platz die Karmeliter-Kirche und das Kloster, in das er selbst eintrat, bauen. 1755 wurden Kirche und Kloster stark beschädigt. Die gotische Kirche hat man als Mahnmal an das Erdbeben nicht wieder komplett aufgebaut. Seit 1864 beherbergt sie das **Archäologische Museum** (▶ S. 110). In das ehemalige **Karmeliterkloster** zog 1911 die Republikanische Nationalgarde ein. Doch der Largo do Carmo ist vor allem unverzichtbar mit der Nelkenrevolution verbunden. Staatschef Marcello Caetano verschanzte sich in dieser Kaserne am 25. April 1974, dem Tag des Aufstands gegen die Diktatur, und gab von hier aus die Befehle zur Niederschlagung des Putsches des Movimento das Forças Armadas. Doch sie fanden glücklicherweise bei den Militärs kein Echo mehr. Am Nachmittag forderte der 30-jährige Hauptmann Salgueiro Maia hier auf dem Platz Caetano zur Kapitulation auf. Der Staatschef gab auf, das Regime wurde unblutig gestürzt, und Portugals Weg in die Freiheit und nach Europa begann hier.

Largo do Carmo | Metro: Restauradores

MUSEEN UND GALERIEN

6 Museu Arquéologico do Convento do Carmo ▶ S. 110

ESSEN UND TRINKEN

RESTAURANTS

7 Aqu Há Peixe   F5

Fisch vom Feinsten – »Hier gibt es Fisch«, so die einfache Botschaft im Namen dieses Restaurants. Das ist ein wenig Understatement, denn Fisch und Schalentiere sind hier wirklich gut. Es ist das »Geheimnis der Schlichtheit«, wie Koch und Besitzer Miguel Reino es

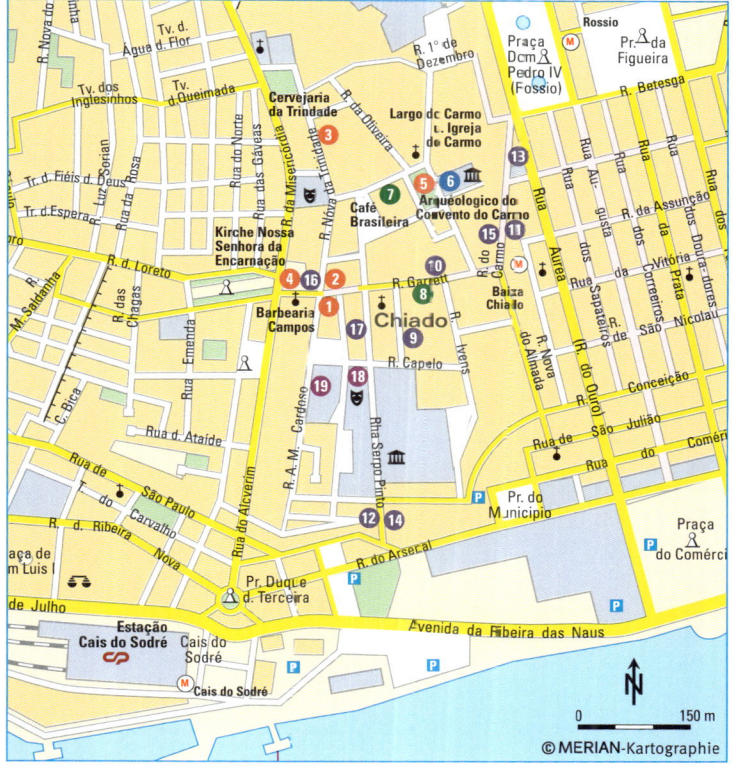

© MERIAN-Kartographie

Traditionalisten werden begeistert sein: Der noble Handschuhladen Luvaria Ulisses (▶ S. 37) in der Rua do Carmo verspricht ein hochritualisiertes, wunderbar altmodisches Einkaufserlebnis

auf den Punkt bringt. Das Restaurant, im August 2009 eröffnet, mit großen Glasfenstern und freundlich-moderner Einrichtung, liegt in den Mauern des einstigen Klosters des Dreifaltigkeitsordens. Bei den Vorspeisen sind die Miesmuscheln mit Kräutern, Sellerie und Weißwein etwas Besonderes. Zu den Hauptgerichten gehören der Reistopf mit Shrimps und kleinen Tintenfischen und eine Meeresfrüchte-Cataplana. Es gibt ein Tagesgericht für 10 €, die Hauptspeisen der Karte sind teurer. Die Portionen sind aber ziemlich groß.

Rua da Trindade 18 | Metro: Baixa-Chiado (Ausgang Largo do Chiado) | Tel. 213432154 | www.aquihapeixe.pt | Di–Sa 12–16, 19–23, So 19–23 Uhr | €€€

CAFÉS

8 Amorino Chiado 🚩 F 5

Ein Traum aus Eis – Die Eiskugeln in den Hörnchen werden zu Blüten ge-

formt – Blüten, die fast so köstlich schmecken wie ein Kuss. Eines der Geheimnisse liegt in der Auswahl der Zutaten. Ein Beispiel: Für das Zitroneneis werden nicht irgendwelche Zitronen, sondern ausschließlich die Sorte »Limone Femminello di Sorrento« verwandt. Die Zutaten sind erstklassig, die Herstellung ist traditionell italienisch, das Ergebnis überzeugend.

Rua Garrett 49 | Metro: Baixa-Chiado | Tel. 211913208 | www.facebook.com/ amorinolisboa | tgl. 10–0.30 Uhr

EINKAUFEN

GESCHENKE

9 A Vida Portuguesa ▶ S. 36

KULINARISCHES

10 Casa Pereira F 5

Ein Stück Chiado, wie er einmal war: eines der ganz wenigen Geschäfte, die noch die wunderbaren, Schatten spendenden Markisen haben, die den Straßen hier einst südlich-exotisches Flair gaben. Tief im Süden war man hier, vielleicht schon auf dem Sprung nach Amerika, Afrika oder Indien. Ja, und in diesem Geschäft gibt es seit 1930 die Tees aus Asien, den Kaffee aus Mittel- und Südamerika und aus Afrika, roh oder gemahlen, in individuellen Mischungen, und Süßes in Hülle und Fülle: Schokoladen aus Belgien und der Schweiz, Nougat aus Italien, mit Schokolade oder Zuckerglasur umhüllte Mandeln aus Portugal und vieles mehr, was den Gaumen verwöhnt. Doch nicht nur der, auch die Nase wird hier verwöhnt. Die Casa Pereira verströmt einen unvergleichlichen Duft, eine Melange all der Aromen, die die Dinge atmen, die hier verkauft und liebevoll von den Herren in traditionellen kaffeebraunen Uniformen verpackt werden – in Papiertüten, auf denen eine lachende Sonne zu sehen ist. Die Casa Pereira ist auch ein Stück Nostalgie.

Rua Garrett 38 | Metro: Baixa-Chiado | https://de-de.facebook.com/casa pereira | Mo–Sa 9–19 Uhr

⓫ Teresa Alecrim   F 5

Die Marke Teresa Alecrim wurde erst 1981 gegründet, doch man denkt, sie sei viel älter, so viel Qualität und Tradition strahlen die feinen Arbeiten mit Lochstickereien aus. Hier findet man feinste Textilien für Bad, Schlafzimmer, den Wohnbereich und die Küche, klassisch und edel in der Anmutung und für die Qualität sehr günstig.

Rua Nova do Almada 76 | Metro: Baixa-Chiado (Ausgang Rua do Crucifixo) | www.teresaalecrim.com | Mo–Fr 10–19, Sa 10–13 Uhr

Wollen Sie's wagen?

In der Barbearia Campos im Chiado haben sich viele Literaten Lissabons und zwei königliche Häupter rasieren lassen. Noch heute wird der Bart traditionell mit dem Messer abgenommen, so wie vor mehr als einem Jahrhundert. Da braucht es ein bisschen Mut, aber es ist sicher auch etwas Besonderes und vielleicht gar ein Vergnügen, auf diesen alten Barbierstühlen zu sitzen und sich den Herren in weißen Kitteln zu überlassen.

MODE
⓬ Arseniadis   F 5

Hier gibt es tragbare feminine Mode made in Portugal, Brasilien, Griechenland und Spanien für ganz normale modebewusste Frauen. Eine der neuen Marken ist »Puriti« – Mode, die in Portugal entworfen und hergestellt wird.

Rua do Ferragial 1 | Straßenbahn: R. Vitor Cordon/R. Serpa Pinto | www.facebook.com/pages/Arseniadis/175990102469177 | Mo–Fr 10–19, Sa 11–16 Uhr

⓭ Luvaria Ulisses ▸ S. 37

⓮ Storytailors und Puracal   F 5

Der Name ist so genial wie programmatisch: Die Storytailors schneidern und verstofflichen Träume und Geschichten. So sehen die Kleidungsstücke wie auch das gesamte Geschäft aus, das sich in einem sehr alten Gemäuer Lissabons, einem Gewürzspeicher aus der Zeit vor dem Erdbeben 1755, befindet. Ins obere Stockwerk ist im Februar 2013 Puracal eingezogen, fokussiert auf Designermöbel und Keramik. Puracal entwirft auch selbst.

Calçada do Ferragial 8 | Straßenbahn: R. Vitor Cordon/R. Serpa Pinto | www. storytailors.pt | Di–Sa 12–20 Uhr

MUSIK

⑮ Fado-Mobil F 5

Dieser Oldtimer, der in der Rua do Carmo steht, ist das mobile Geschäft der **Discoteca Amália** (Rua do Ouro), und man hört sogleich: Es geht um Fado. Die Stimmen von Amalia Rodrigues, Mariza, Dulce Pontes und anderen Fadistas erfüllen den so kommerziell gewordenen Chiado mit Klang und geben ihm damit ein Stück des verlorenen Zaubers zurück.

Rua do Carmo | Metro: Baixa-Chiado (Ausgang Rua do Crucifixo) | Mo–Sa 9–13, 14–19 Uhr

PORZELLAN

⑯ Vista Alegre-Atlantis F 5

Im Geschäft dieser 1824 gegründeten Manufaktur kann man Porzellan unterschiedlichster Art erwerben: klassische Objekte, ein kleines Tee- und Kaffeeservice »Alma de Lisboa« mit Motiven wie der Straßenbahn, eine Serie Espressotassen zum Thema Fado, ein Set mit illustren Biestern des 1918 mit nur 31 Jahren an der Spanischen Grippe gestorbenen Malers Amadeo de Souza Cardoso. Ein Besuch des Ladens lohnt allein schon wegen der ungewöhnlichen Ausstattung, die im Hauptraum eine Pagode assoziieren lässt. Der Boden wird von einem an die Römerzeit erinnernden Mosaik geschmückt

Largo do Chiado 20–23 | Metro: Baixa-Chiado (Ausgang Largo do Chiado) | Tel. 21 346 14 01 | Mo–Sa 10–20, So 11–20 Uhr

WOHNEN

⑰ Loja da Burel 5

Schon 2010 gab es ein erstes Geschäft mit Produkten aus Burel, einem Wollstoff aus Schafwolle, im Chiado. 2012 wurde die Filiale in der Rua Serpa Pinto eröffnet – eine Erfolgsgeschichte.

Rua Serpa Pinto 15 B | Metro: Baixa-Chiado (Ausgang Largo do Chiado) | https://de-de.facebook.com/Burel Manteigas | Mo–Sa 10–20 Uhr

KULTUR UND UNTERHALTUNG

OPER/KONZERTE/BALLETT

⑱ Teatro Nacional São Carlos F5

1793 wurde die von José da Costa e Silva entworfene Oper eröffnet. Das prächtige Innere orientiert sich an der Mailänder Scala und am San Carlos von Neapel. Liszt ist hier aufgetreten und 1954 Maria Callas in »La Traviata«. Neben Opern, darunter auch Uraufführungen, stehen Sinfoniekonzerte auf dem Spielplan, der von BMW gesponsert wird. Auf dem Vorplatz findet im Juli das Festival ao Largo statt.

Largo São Carlos | Metro: Largo do Chiado oder Straßenbahn: Chiado | http://tnsc.pt

THEATER

⑲ Teatro São Luíz F 5

Dieses Theater aus dem späten 19. Jh. hat ein sehr vielfältiges Programm. Das Ensemble Pina Bausch ist hier mehrfach aufgetreten, und Tanztheater ist ein Schwerpunkt hier. Bekannte Fado-Sänger zeigen sich, aber auch angesagte Musiker aus Brasilien. Anfang April steigt das Jazzfest des Teatro São Luíz.

Rua António Maria Cardoso 38 | Metro: Largo do Chiado oder Straßenbahn: Chiado | www.teatrosaoluiz.pt

     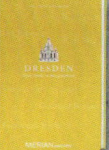

Erlesene Ziele

Auf den Spuren berühmter
Persönlichkeiten

ERHÄLTLICH
ALS E-BOOK
ODER ALS BUCH
MIT LEINEN-
EINBAND

MERIAN
Die Lust am Reisen

BAIRRO ALTO

Hier pulsiert das Leben, vor allem nachts. Dieses Viertel
ist verrucht, mondän, so traditionell portugiesisch wie exotisch,
verrückt und romantisch – alles zugleich. Das macht den Charme
des Bairro Alto aus, der immer am Puls der Zeit lebt.

Das Bairro Alto ist das Kreativ- und Ausgehviertel Lissabons, und viele Modedesigner haben hier ihre Geschäfte. Die Rua D. Pedro V und die Rua da Escola Politécnica sind die angesagten Straßen, wo sich die Trendsetter finden, ebenso aber auch alteingesessene Cafés wie die Padaria São Roque oder die Kultkneipe Pavilhão Chinês. Die Bandbreite an Restaurants und Bars im Bairro Alto ist nicht weniger vielfältig. Das Viertel erwacht oft erst am Nachmittag. Vormittags gehört es den kleinen Leuten, die hier leben, und der Müllabfuhr. Am späten Nachmittag entfaltet sich im tiefer stehenden Licht der Charme dieses Viertels. Das Bairro Alto gähnt und streckt sich, es ist noch ein wenig schläfrig, vielleicht gar verkatert, aber bereit, sich hübsch zu machen für eine weitere lange Nacht.
Das Viertel, ab 1513 errichtet, lag außerhalb der fernandinischen Stadtmauern des späten 14. Jh. Zuvor gab es hier Gärten und Wiesen mit Wein-

◀ Der Elevador da Bica (▶ S. 90) überwindet einen Höhenunterschied von 45 m.

stöcken, Obst- und Olivenbäumen. Das Areal vom Cais do Sodré bis zur Plaça Príncipe Real gehörte dem 1498 gestorbenen jüdischen Physiker Palaçano. Seine Witwe verkaufte das Land parzelliert, und Matrosen, Kapitäne, Händler, aber auch Adlige und Kleriker zogen her. Noch heute hat das Bairro Alto, das hoch gelegene Viertel, diese Mischung aus einfach und vornehm.

DAS VIERTEL DER KLEINEN BRUNNEN

Unterhalb des Bairro Alto liegt der Aussichtspunkt Alto de Santa Catarina mit Blick nach Westen bis zum Atlantik. Das romantische Viertel Bica mit seinen Zierbalkonen und vielen Blumen zieht sich hier fast bis zum Tejo hinunter, mit Treppen, die beiderseits zur Rua da Bica do Duarte Belo führen, durch die die kleinste Kabelbahn Lissabons fährt. Die Häuser stammen überwiegend noch aus dem 17. und 18. Jh. Namensgeber des Viertels waren die kleinen Brunnen, »bicas« genannt, an denen die Menschen ihr Wasser holten. Die Gegend unten am Fluss um den Bahnhof Cais do Sodré ist immer noch stark von ihrer Vergangenheit als Hafengegend, Seefahrer- und Rotlichtmilieu geprägt – teils verfallen, teils das Erbe originell in die Zukunft rettend. Die Lissabonner verstehen was von Alchemie …

SEHENSWERTES

❶ Botanischer Garten 🧍‍♂️ ⚓ **E/F 4**

Eine kleine grüne Lunge in der Stadt, 4 ha groß, nicht super gepflegt, aber erholsam – das ist der Jardim Botânico d'Ajuda, der ab 1878 auf dem Gelände der Polytechnischen Hochschule angelegt wurde. Er mag die Geschmäcker scheiden, aber er hat definitiv seinen Reiz. Bisweilen gleicht er einem kleinen tropischen Wald, und er hat sich etwas von der Romantik des 19. Jh. bewahrt.

Rua da Escola Politécnica 54–60 | Bus: R. Escola Politécnica | Tel. 213921800 | Apri –Okt. tgl. 9–20, Nov.–März tgl. 9–18 Uhr | Eintritt 2 €

❷ Convento dos Cardaes ⚓ **F 4**

Eines der ganz wenigen Klöster Lissabons, in dem noch Nonnen leben, zusammen mit schwer und oft mehrfach behinderten Frauen. 1681 wurde es als Kloster den barfüßigen Karmelitinnen, die hier ein gottgeweihtes Leben führ-

ten, gegründet. Damals lag es noch in ländlicher Umgebung, am Rand des Bairro Alto. Beim Erdbeben 1755 stürzte nur die Decke der Kirche ein, die wertvollen Kacheln des Holländers Jan van Oort mit den Gotteserfahrungen der hl. Teresa von Ávila aus dem 17. Jh. blieben erhalten. Das Kloster konnte 1834 der Säkularisierung entgehen, als Dominikanerinnen hier einzogen, die eine Organisation für blinde und mehrfach behinderte Menschen gegründet hatten. Seit 1847 leben sie hier mit ihren Schützlingen. Heute machen Freiwillige Führungen durch Kirche, Kapelle, Sakristei, die beiden Kreuzgänge und das Refektorium und zeigen und erklären die sakrale Kunst des Anwesens.
Rua do Século 123 | Bus: Príncipe Real | www.conventodoscardaes.com | Mo–Sa 14.30–17.30 Uhr | Eintritt 4 €

❸ Elevador da Bica   F 5
Sie ist die kleinste der drei Standseilbahnen und erklimmt seit 1892 die steile Rua da Bica do Duarte Belo und führt damit aus der Gegend um den Ribeira-Markt durch das romantische Viertel Bica hoch zur Calçada do Combro und zum Bairro Alto.
Rua de São Paulo–Largo de Calhariz | Straßenbahn: Calhariz | Mo–Sa 7–20.55, So, feiertags 9–20.55 Uhr | Ticket 3,60 € (2 Fahrten)

❹ Elevador da Glória   F 4
Die zweitälteste Standseilbahn verbindet seit 1885 die Av. da Liberdade mit dem Bairro Alto und dem Miradouro São Pedro de Alcântara.
Metro: Restauradores | Mo–Do 7–23.55, Sa ab 8.30, So ab 9, Fr, Sa bis 0.25 Uhr | Ticket 3,60 € (2 Fahrten)

❺ Galeria da Arte Urbana   F 4
Entlang des Elevador da Glória ziehen sich die Stellwände, die Teil des städtischen Street-Art-Projekts (▶ S. 16) »Galeria da Arte Urbana« sind. Sie werden zweimal jährlich neu gestaltet, im Mai mit vorgegebenem Thema und ausgewählten Künstlern, im Oktober/November im Rahmen eines Wettbewerbs, bei dem die besten Arbeiten für die Galerie ausgewählt werden.
Calçada da Glória | Elevador da Glória oder Bus: Elevador Glória

❻ Igreja de Santa Catarina   E 5
Diese Kirche von 1680 ist reich an vergoldeten Holzschnitzereien, die charakteristisch sind für den »talha dourada« genannten portugiesischen Barock. Sie hat das Erdbeben von 1755 weitgehend unbeschadet überstanden und war einst die Kirche des Paulinerordens, der die Muttergottes sehr verehrte. Überall, in der Malerei wie in den Holzschnitzereien wie in der pastellfarbenen Stuckdecke, die 1763 von Giovanni Grossi geschaffen wurde, finden sich ikonografische Verweise auf die Eucharistie und den hl. Paulus von Theben.
Calçada do Combro | Straßenbahn: Sta. Catarina | Di–So 11–13, 17–19 Uhr

⭐ Igreja de São Roque   F 4
Die Kirche des hl. Rochus ist das Juwel unter Lissabons Sakralbauten. Ab Mitte des 16. Jh. als Kirche der Jesuiten errichtet, birgt sie wertvolle »Talhadourada«-Arbeiten und Florentiner Mosaiken aus dem frühen 17. Jh. sowie ein eindrucksvolles Kachelbild aus dem Jahr 1584. Das Prachtstück ist die Johannes dem Täufer geweihte Kapelle. König João V. ließ sie ab 1742 in Italien

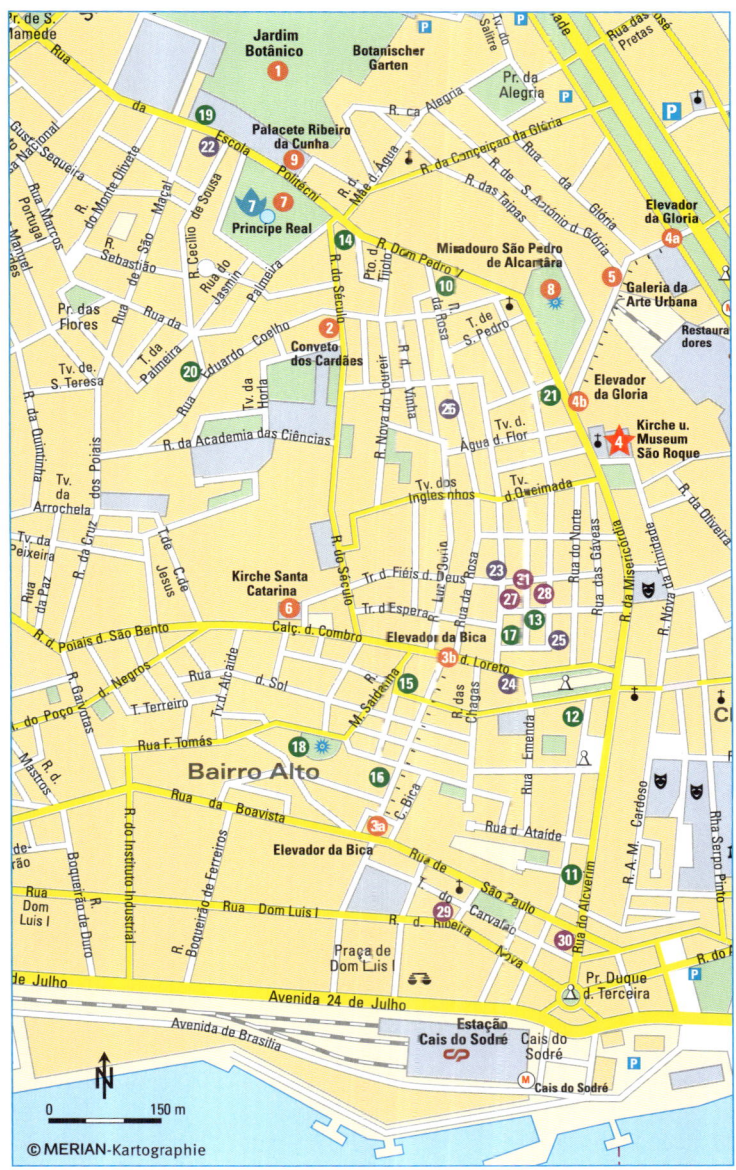

Jardim Botânico
1

Botanischer Garten

Palacete Ribeiro da Cunha
22
9

Príncipe Real
7

14

Conveto dos Cardäes
2

Miradouro São Pedro de Alcântara

Elevador da Gloria
4a

Galeria da Arte Urbana

Restauradores

10

8

5

Elevador da Gloria
4b

21

26

Kirche u. Museum São Roque
4

Kirche Santa Catarina
6

23
27 21
28

13

Elevador da Bica
3b

17
25

24

12

Bairro Alto
18

15

16

3a

Elevador da Bica

11

29

30

Praça de Dom Luís I

Avenida 24 de Julho

Avenida de Brasília

Estação
Cais do Sodré

Cais do Sodré

Cais do Sodré

0   150 m

© MERIAN-Kartographie

von den bedeutendsten Künstlern anfertigen. Wertvolle Materialien wie Lapislazuli, Achat, Amethyst und Carrara-Marmor vereinen sich hier mit künstlerischer Ausdruckskraft.

Das **Museum São Roque** zeigt wertvolle Kunstschätze der Jesuiten, darunter sakrale Kunst und kostbare Möbel mit Perlmuttintarsien aus Ceylon, Goa und Japan. Tipp: Es gibt ein hübsches Café im Innenhof, klar, mit moderner Architektur. Am schönsten fällt das Licht am Nachmittag in den Patio.

Largo Trindade Coelho | Bus: Lg. Trindade Coelho | www.museu-saoroque.com | April–Sept. Mo 14–19, Di–So 10–19, Okt.–März Mo 14–18, Di–So 10–18 Uhr | Eintritt Museum 2,50 €

⑦ Jardim do Príncipe Real 🧑‍🦽 ♨ E 4

Zwischen 1859 und 1863 wurde dieser kleine Park angelegt. Er ist typisch für die Gartengestaltung der Zeit, beeinflusst auch von den Handelskontakten nach Brasilien. So fanden Gehölze wie Jacarandas, aber auch Gummibäume, Magnolien und Bananenstauden ihren Weg in diese Anlage. Unter dem Wasserbecken in der Mitte des Platzes befindet sich das Wasserreservoir **Patriarcal**, das von 1864 bis in die 1940er-Jahre genutzt wurde. Heute dient die Zisterne ab und an für temporäre Ausstellungen (Mo–Sa 10–18 Uhr).

Bus: Príncipe Real

⑧ Miradouro São Pedro de Alcântara ♨ 🔖 4

Von diesem Aussichtspunkt mit seinen zwei Terrassencafés, zwei plätschernden Brunnen, Bänken und hohen Bäumen hat man die schönste Aussicht auf den Burgberg und den Osten der Stadt, ganz besonders am späten Nachmittag, wenn das Sonnenlicht den Hügel in warmen Farben erstrahlen lässt.

Wenn die Abendsonne den Miradouro São Pedro de Alcântara (▶ S. 92) in warmes Licht taucht, ist man schnell mit der Welt versöhnt. Und ins Bairro Alto sind es dann nur wenige Schritte …

9 Palacete Ribeiro da Cunha E 4

Am Rand des Princípe Real ließ 1877 der Tabakhändler Ribeiro da Cunha ein extravagantes Stadthaus für sich errichten. Es gehört mit seinem orientalischen Stil zu den ungewöhnlichsten Häusern Lissabons. Lange waren seine Türen verschlossen und es verfiel. Der aktuelle Besitzer sanierte das Anwesen und eröffnete im September 2013 dort das kleine Einkaufszentrum **Embaixada** mit Lifestyleprodukten und dem Café **Le Jardin**. Die Spuren des Verfalls sind noch deutlich zu sehen, und der ehemalige Garten, der an den Botanischen Garten angrenzt, ist nach wie vor ein privater Parkplatz mit Müll und Schutt.
Praça do Príncipe Real | Bus: Príncipe Real | tgl. 12–2 Uhr

ESSEN UND TRINKEN
RESTAURANTS

10 Bonsai  F 4

Meditative Atmosphäre – Inmitten des quirligen Bairro Alto ist das japanische Restaurant Bonsai ein ruhender Pol und eine Oase der Entspannung, in der man sich mit gesunder japanischer Küche verwöhnen lassen kann.
Rua da Rosa 284 | Bus: Príncipe Real | Tel. 213462515 | Di–Fr 12.30–14.30, 19.30–23, Sa 13–15.30, 19.30–23 Uhr | €€

11 Charcutaria F 5

Herzhafte Kreationen – Seit März 2013 werden hier in zeitgenössischem Interieur schmackhafte Spezialitäten aus der Region Alentejo zubereitet, z. B. Fleischgerichte mit »migas«, eine Art festeres, krümmeliges Püree aus Weißbrot, vereinzelt auch aus Kartoffeln mit Knoblauch, oder Rührei mit Wildspargel und zum Dessert Walnussküchlein. Dieses Restaurant ist eine Empfehlung einer sehr guten Freundin von mir.
Rua do Alecrim | Metro: Cais do Sodré | Tel. 213450672 | www.restaurantecharcutaria.com | Mo–Sa 12–15.30, 19–23 Uhr | €€€

12 A Taberna da Rua das Flores  F 5

Kreativ und schmackhaft – Im März 2012 eröffnet und eine kulinarisch anspruchsvolle Variante der alten Taverne, von denen es früher in jedem volkstümlichen Viertel einige gab. Und, eine Taverne sollte guten Wein haben – auch diesem Anspruch wird man gerecht.
Bairro Alto | Rua das Flores 103 | Straßenbahn: Pç. Luís Camões | Tel. 213479418 | Mo–Fr 12–24, Sa 18–24 Uhr | €€

13 Tasca do Manel F 5

Erdverbundene Gerichte – Von der Küche bis zur Einrichtung ist es hier original portugiesisch, unabhängig von Zeitgeist und Moden. Gekocht wird wie für die eigene Familie in großen Portionen. Die Tasca hat ihre Stammgäste, die Wildschwein vom Spieß, gebratene Blutwurst und die anderen Fisch- und Fleischgerichte schätzen.
Rua da Barroca 24 | Straßenbahn: Pç. Luís Camões | Tel. 213463813 | http://tascadomanel.pt | tgl. 12–15, 18.30–22 Uhr | €€

14 Tascardoso F 4

Leckereien vom Grill – Kleines, rustikales Lokal in Familienbesitz mit typisch portugiesischer Küche, gegrilltem Fisch und Fleisch, vielen Stammgästen, gut und günstig. Sehr empfehlenswert!
Rua do Século 242 | Bus: Príncipe Real | Tel. 213427578 | Mo–Sa 12–15.30, 19–23.30 Uhr | €

15 Toma Lá Da Cá · F 5

Zum Dessert frische Mangos – Einer der Favoriten der Autorin: ein kleines Restaurant mit vielen Stammgästen sowie guter und günstiger portugiesischer Küche. Empfehlenswert z. B. »robalo escalado« – Wolfsbarsch, der aufgeklappt behutsam gegrillt wird. Erfrischend im Sommer als Vorspeise: der Gazpacho. Das Kalbfleisch der Rasse Maronesa kommt aus Nordportugal, wo die Tiere artgerecht gehalten werden. Der Koch stammt aus dem Elsass. Große Auswahl an Desserts, darunter »semifrios« mit Kaffee oder mit Brombeeren – die Klassiker aber sind die frischen Mangos.
Travessa do Sequeiro 38 | Straßenbahn: Calhariz | Tel. 213479243 | Mo–Sa 12–15, 19.30–23 Uhr | €€

CAFÉS

16 Barbica · F 5

Im Herzen von Bica – Kleines Café mit hübscher Terrasse am romantischen Largo de Santo Antóninho. Es gibt kleine Gerichte wie Toasts, Oliven, Käse, Salate und auch Cocktails.
Rua dos Cordoeiros 8 | Elevador da Bica | mobil 922128159 | tgl. 10–2 Uhr

17 Cultura do Chá · F 5

Entspannung beim Tee – Ein ruhiger Ort zum Genuss von Tee, Scones und Kuchen. Die Cultura do Chá ist ein Teehaus mit elegant-unaufdringlicher Atmosphäre. »Chá« (der Name kommt von »chai«) bezeichnet vorwiegend schwarze und grüne Tees. Kräutertees heißen »infusão«. Neben Süßem gibt es auch Quiches, Toasts und Sandwiches.
Rua das Salgadeiras 38 | Straßenbahn: Pç. Luís Camões | Tel. 213430272 | www.culturadocha.com | Mo–Sa 12–22 Uhr

18 Noobai  · EF 5

Sonnenterrasse mit Tejo-Blick – Eine dieser Terrassen Lissabons, die über dem Fluss und den Dächern der Stadt zu schweben scheinen, hat das Café Noobai. Besonders schön finde ich es an Sonnentagen im Winter und in der Zeit, wenn die Sonne tief im Westen steht. Es gibt kleinere und größere Gerichte, auch Kuchen. Am Wochenende angesagt und stark frequentiert, unter der Woche ruhiger. Sehr sympathisch der kleine Spielbereich für Kinder.
Miradouro/Rua Santa Catarina | Straßenbahn: Calhariz | Tel. 213465014 | www.facebook.com/NoobaiPaginaOficial | Di–Do 12–22, Fr, Sa 12–24, So 12–20 Uhr

19 Poison d'Amour · E 4

Kleine Terrasse im Grünen – Makronen und Konditoreiwaren vom Feinsten gibt es hier. Das Highlight ist aber eine der schönsten Terrassen Lissabons mit Blick auf den Botanischen Garten. Der Espresso ist, wie er sein sollte, mit vollem Aroma, mit Crema … allein dafür würde dieses Café von mir einen kleinen Stern bekommen.
Rua da Escola Politécnica 32 | Bus: Principe Real | Tel. 213476032 | Di–So 10–20 Uhr

BARS

20 Cinco ▸ S. 29

21 Solar do Vinho do Porto · F 4

Schatzkammer des Portweins – Im Palácio Ludovice, dem 1747 vom schwäbischen Baumeister Johann Friedrich Ludwig errichteten barocken Stadtpalast, liegt heute im Erdgeschoss die staatliche Portwein-Bar. 1946 eröffnet, wurde sie 2011 vom Designer Paulo

Das Pensão Amor (▶ S. 97) bietet auf mehreren Etagen Livemusik und Kunst. Die schwülstige Einrichtung der Bar spielt augenzwinkernd mit der Rotlichtmilieu-Vergangenheit des Hauses.

Lobo neu gestaltet. Zur Auswahl stehen über 300 Portweine. Tipp: Probieren Sie eine Sorte, die mindestens zehn Jahre in Eichenfässern gereift ist. Ludwig war übrigens einer der führenden Baumeister im Portugal des 18. Jh. Sein Hauptwerk ist das Kloster von Mafra.

Rua São Pedro de Alcantâra 45 | Elevador da Glória | Tel. 213 47 57 07 | Mo–Fr 11–24, Sa 14–24 Uhr | www.ivdp.pt/pagina.asp?idioma=1&codPag=169&

EINKAUFEN

KULINARISCHES

22 Claudio Corallo ⚓ E 4

Außergewöhnliche Schokoladen: pur, mit kristallisiertem Ingwer, mit Pfeffer und Flor de Sal oder mit Orangenschalen bzw. einer Plantage mit seltenen Kakaopflanzen der afrikanischen Inseln São Tomé e Príncipe. Claudio Corallo ist ein Pionier und hat nach diesen alten Kakao- und Kaffeesträuchern gesucht, sie gefunden und die dazu passenden Methoden entwickelt, die besonderen Aromen dieses Kakaos in der Schokolade zu bewahren.

Rua Cecílio de Sousa 85 | Bus: Príncipe Real | Tel. 213 86 21 58 | www.claudiocorallo.com | Mo–Sa 10–19.30 Uhr

KUNSTHANDWERK

23 31 d'Atalaia 👫🚩 ⚓ F 5

Individuelle Filz-, Strick- und Häkelarbeiten von internationalen Kunsthandwerkern, die in Lissabon leben. Der Clou ist vielleicht das Projekt »10/10« – Kleidungsstücke aus hochwertigen Materialien, von denen jeweils nur zehn Exemplare in unterschiedlichen Größen und Farben in Handarbeit hergestellt werden. Am Etikett lässt sich nachlesen, wer was gemacht hat und wie viel Zeit die Arbeit gekostet hat.

Rua da Atalaia | Bus: Elevador Glória |
http://atalaia31.com | Di–Do 14–20, Fr, Sa
14–22 Uhr

24 Caza das Vellas Loreto F 5

Es dürfte eines der ältesten Geschäfte
Lissabons sein. Seit 1789 verkauft die
Fabrik Kerzen aus eigener Herstellung.
Ein Eroberer, Napoleons General Junot,
ließ 1808 mit den Kerzen dieses Traditi-
onshauses die Oper São Carlos für eine
Zeremonie zu seinen Ehren schmücken.
1845 produzierte die Kerzenfabrik erstmals rote Exemplare für ein Konzert
von Franz Liszt in der Oper. Seither sind
der Fantasie keine Grenzen gesetzt.
Rua Loreto 53/55 | Straßenbahn: Calha-
riz | http://cazavellasloreto.com.pt |
Mo–Fr 9–19, Sa 9–13 Uhr

25 Cork & Co F 5

Kork, dieses besondere, weiche Material, hat sich neue Produktbereiche erobert und wird inzwischen vielfältig
verarbeitet: zu Handtaschen, Etuis,
Regenschirmen, kleinen Möbeln. Aber
auch zu Mode, in Form von »Kork-Stri-
ckereien«, wie sie Mónica Gonçalves
entwirft, die dafür eine »ecofriendly«-
Auszeichnung bekam. Ebenso, fast zu
schade, wird Kork als Schokoladenver-
packung verwandt. All dies gibt es hier,
bei Cork & Co, zu kaufen.
Rua das Salgadeiras 6–10 | Straßenbahn:
Pç. Luís Camões | Tel. 216 09 02 31 |
www.corkandcompany.pt | Mo–Mi
12–22, Do–Sa 11–24 Uhr

MODE

26 Poise F 4

Ein Geschäft für Frauen (und Männer,
die ihrer Liebsten gerne Geschenke machen). Es gibt hier Handtaschen, lady-

like, schick, elegant, entworfen von João
Vieira und Sara Padrão. Beide haben
Bildhauerei an der Lissabonner Hochschule der schönen Künste studiert und
dort ihr Faible für Design entdeckt. Die
formvollendeten Taschen werden limitiert hergestellt und im ersten Stock
über dem Geschäft produziert.
Rua da Rosa 197 | Bus: Príncipe Real |
www.bypoise.pt | Mo–Sa 14–20 Uhr

KULTUR UND UNTERHALTUNG

FADO

27 Mascote de Atalaia F 5

Dies ist ein hervorragender Ort, um
Fado zu hören, montags und dienstags
gesungen von jungen Fadistas, authentisch und berührend. Das Mascote de
Atalaia war einst eine legendäre Taverne im Bairro Alto. Im Mai 2013 wurde
sie mit neuem Mobiliar im alten Stil,
also Holzschemeln und Tischchen mit
Marmorplatte, wieder eröffnet. Es gibt
Wein, »petiscos«, also kleinere Gerichte mit Fisch und Fleisch, und Cocktails.
An den Fado-Abenden beträgt der
Preis 15 € und beinhaltet ein kleines,
leichtes Menü sowie ein Glas Wein.
Rua da Atalaia 13–15 | Straßenbahn:
Pç. Luís Camões | www.facebook.com/
MascoteDaAtalaia | Tel. 211 98 39 73 |
Mo–Do 18–2, Fr, Sa 18–3 Uhr

28 Tasca do Chico F 5

Die Geschichte dieser Tasca gehört erzählt: Francisco Gonçalves arbeitete in
den frühen 1990er-Jahren in einem
Restaurant im Bairro Alto und sah, wie
Taverne um Taverne schloss, die alten
Tascas aufgegeben wurden und schicken Bars oder modern-nüchternen
Cafés Platz machten. Er startete eine
kleine, innere Revolte gegen diese Ent-

wicklung und eröffnete 1993 hier in einer ehemaligen Metzgerei eine Tascinha mit kleinen Gerichten und Wein. An zwei Abenden pro Woche gab es Fado. Singen durfte jeder, der wollte – den Fado Vadio. »Vadio« heißt vagabundierend, streunend, herrenlos.

Es gab Zeiten, da galt der Fado als reaktionär, verstaubt, ja, er wurde sogar abgeurteilt mit dem Argument, die Leute würden im Fado ihren Kummer ertränken anstatt politisch aktiv zu werden. Der Fado hat nicht nur überlebt, sondern sich erneuert, und die Tasca do Chico ist eine Erfolgsgeschichte geworden. Auch heute berühmte Fadistas wie Mariza, Carminho oder Camané sind hier schon aufgetreten.

Rua Diário de Notícias 39 | Straßenbahn: Pç. Luís Camões | mobil 9 65 05 96 70 | Fado Mo, Mi ab 22 Uhr

LIVEMUSIK

29 Café Tati F 5

Dieses sehr persönlich gestaltete Café ist das Projekt dreier Freunde, darunter Ramón aus Barcelona. Es ist mehr ein sehr großes Wohnzimmer mit vielen Fotografien. Hier, in diesem intimen Rahmen, gibt's ab 22 Uhr oft Livemusik: Jazz, Weltmusik, Fusion. Ein kleines, feines Programm …

Rua da Ribeira Nova 36 | Straßenbahn: R. S. Paulo (Bica) | www.facebook.com/pages/caf%C3%A9-TATI/17830193555 7646 | Di–So 11–1 Uhr

30 Pensão Amor F 5

Die »Liebespension« erinnert an ein feines Bordell des späten 19. Jh., und genau das ist intendiert. Aber sie ist heute relativ unschuldig, alles nur Inszenierung mit Reminiszenzen an die Ver-

gangenheit dieses Hauses. Am Abend ist es Treffpunkt einer sehr bunten Szene, die das zwielichtige Ambiente genießt. Es gibt öfters Livemusik oder auch Kino, gerne von der ein bisschen verruchteren Sorte. Oben drüber im Haus gibt es ein Studio mit Tabledance-Lessons. Das eigentliche Geschäft dieser Art findet aber eine Straße tiefer, in der Rua Nova do Carvalho statt und ist wohl weniger glamourös, als es in der Pensão Amor suggeriert wird.

Rua do Alecrim 19 | Metro: Cais do Sodré | Tel. 2 13 14 33 99 | Mo–Mi 12–2, Do–Sa 12–4 Uhr

VERANSTALTUNGSORTE

31 Ze dos Bois (ZDB) F 5

Bereits 1994 entstand dieses Kulturprojekt in einem ehemaligen Adelspalast. Es ist eine Art Schmelztiegel zeitgenössischer Kultur, egal ob es sich um Performance oder Musik handelt. Das ZDB will langfristige Bindungen zu Kulturschaffenden aufbauen und bietet auch dauerhafte Ateliers an, z. B. dem Maler Tiago Baptista. So ist ein Raum für Ausstellungen, Theater und Performances sowie für Konzerte mit Jazz, Rap und alternativem Pop-Rock entstanden.

Rua da Barroca 59 | Straßenbahn: Pc. Luís Camões | www.zedosbois.org | Mi–Sa ab 18, Konzerte ab 22, Fr, Sa ab 23 Uhr

---

Verweilen in einer liebenswerten grünen Oase 7

Im Garten des Príncipe Real mit seinen exotischen Bäumen teilhaben am Spiel der Kinder, ältere Männer beim Plaudern und die Verliebten beim Turteln betrachten … (▶ S. 14).

MADRAGOA, SANTOS UND LAPA

Hier hat sich Lissabon viel von seiner Ursprünglichkeit bewahrt, und die Bewohner leben in ihrem eigenen Mikrokosmos, fast unberührt vom Tourismus. Die Vielfalt der Kacheln an den Häusern ist ein Markenzeichen der Madragoa.

Diese Stadtteile gehen fast nahtlos ineinander über, so wie es in Lissabon oft der Fall ist. Adel und Volk lebten nah beieinander, die einen allerdings in Palästen mit Gartenanlagen, wie sie für Lapa typisch sind, die anderen in kleinen, oft auch dunklen Wohnungen, beengt, mit Raum lediglich für ein paar Pflanzen vor der Tür. Die Straße, ja, das ist der Garten, die Terrasse der einfachen Leute, gerade hier in der Madragoa.

QUARTIERE MIT DÖRFLICHEM CHARAKTER

Der Bezirk entstand seit Anfang des 16. Jh., als mit den Pestepidemien König Manuel I. und sein Hofstaat das Zentrum Lissabons verließen. Auch Ordensgemeinschaften lebten hier. Und stets war diese Gegend mit ihren tonreichen Böden ein Zentrum der Töpfer. Nirgendwo in Lissabon sind die Fassaden so zahlreich und vielfältig mit Kacheln geschmückt wie

◀ Kleine Häuschen und Kacheln an den Fassaden sind typisch für das Viertel Madragoa.

in Madragoa. Das Viertel hat sich viel von seiner Ursprünglichkeit bewahrt und ist fast noch ein Dorf inmitten des urbanen Lissabon geblieben. Jeder kennt jeden, die Menschen, die hier leben, sind zumeist auch hier aufgewachsen. Hier gibt es die einzige Kaffeerösterei Lissabons, in der die Bohnen mit der Wärme eines Holzfeuers geröstet werden. Die Uhren scheinen langsamer zu gehen. In den Sommermonaten verbringen die Menschen viel Zeit auf der Straße, Tische stehen draußen, und sie sitzen dort lange zusammen. Am Abend stehen die älteren Frauen auf den schmalen Balkonen ihrer oft mit Kacheln geschmückten Häuser, unterhalten sich oder blicken von ihrem Logenplatz hinunter auf die vertraute Bühne. Nachbarn kehren von der Arbeit heim. Hunde tollen über das Pflaster. Man findet hier noch Muße, im Herzen von Madragoa, in den Gassen wie der Rua das Madres oder der Rua Vicente Borga. Das am Fluss gelegene Santos wurde nach den drei Heiligen Julia, Maxima und Verissimo benannt, drei Geschwistern, die zur Zeit der Christenverfolgung unter Diokletian im frühen 4. Jh. den Märtyrertod starben und hier, wo sich die Kirche Santos-o-Velho befindet, bestattet wurden.

SEHENSWERTES

❶ Basílica da Estrela   D 4

Hier liegt das Grabmal von Königin Maria I., die den Bau der Kirche, die dem Heiligen Herzen Jesu geweiht ist, und des angrenzenden Klosters der barfüßigen Karmelitinnen in Auftrag gegeben hat. Die Kirche des Spätbarock wurde 1790 vollendet. Im Inneren ist sie reich mit polychromem Marmor und Skulpturen des bedeutenden Bildhauers Machado de Castro ausgestattet. Aus der Schule Machado de Castros findet sich in der Kirche, versteckt hinter dem Sarkophag von Königin Maria I., eine portugiesische Besonderheit: eine große Weihnachtskrippe mit rund 500 Figuren, die mit vielen Details das Leben zur Zeit der Geburt Jesu zeigt. Gegenüber der Kirche liegt der **Jardim da Estrela** mit seinen vielen exotischen Bäumen, darunter einem Drachenbaum, und einer Kiosk-Bücherei, wo man sich ein Buch ausleihen und im Park lesen kann. Dies ist vielleicht die kleinste Bücherei der Welt.

Largo da Estrela | Straßenbahn: Estrela | tgl. 7.30–20 Uhr

❷ Casa do Visconde de Sacavém ✎ D 5

Es löst auf den ersten Blick Entsetzen aus, so schrill ist es über und über mit bunten, wild wuchernden Keramiken gestaltet, mit Rückgriffen auf Renaissance, Romantik und Volkskunst. In all dem nahezu versteckt ein religiöses Motiv aus dem späten 18. Jh. im Rokoko. Den Schmuck der Fassade des Hauses aus dem späten 19. Jh. hat der Besitzer selbst in die Hand genommen, wortwörtlich. Der Vicomte von Sacavém war ein leidenschaftlicher Keramiker, inspiriert vom großen Rafael Bordalo Pinheiro, einem Zeitgenossen. Die Früchte dieser Leidenschaft finden sich hier, üppig und undefinierbar zwischen Kitsch und Kunst schwelgend. Eines aber ist gewiss, dieses Haus besitzt Originalität.
Rua do Sacramento à Lapa 22–28 | Straßenbahn: R. S. Domingos à Lapa

❸ Haus mit Jugendstilkacheln ✎ D 5

Für Sofia Tempero, die Historikerin, die Führungen auf den Spuren der Kacheln durch Madragoa macht, ist es das Juwel. Es ist das einzige Haus Lissabons, dessen Fassade Reliefkacheln mit Mohnblumen und Lilien des Keramikers Viriato Silva zieren, gestaltet 1905. Silva arbeitete für die renommierte, 1836 gegründete Fábrica Constância in Madragoa, die 1971 geschlossen wurde.
Rua das Janelas Verdes 70–76 | Straßenbahn: Santos-o-Velho, Bus: Cais Rocha

❹ Kaffeerösterei Flor da Selva ✎ E 5

Hier, im warmen Bauch dieses Hauses, werden die Kaffeebohnen geröstet, und hier beginnt der Mitarbeiter die lange Liste der Länder in aller Welt aufzuzählen, aus denen die Kaffeebohnen in die-

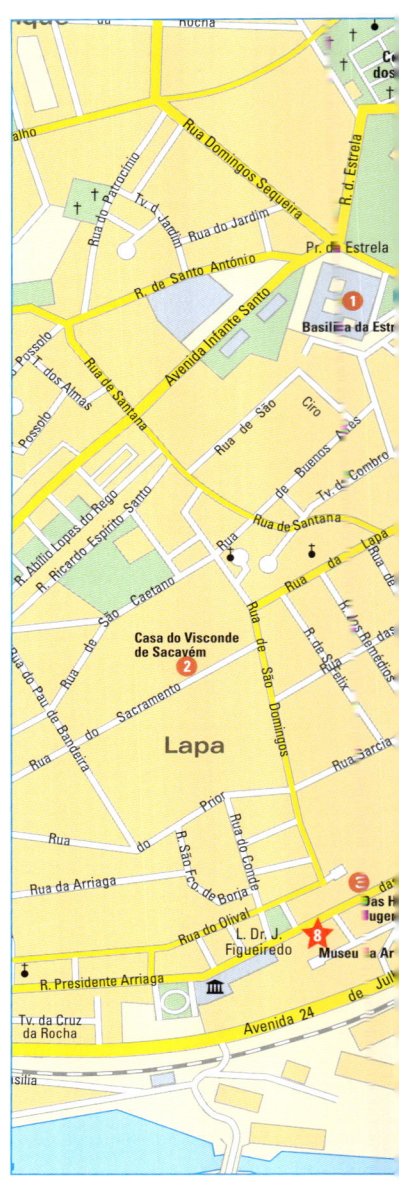

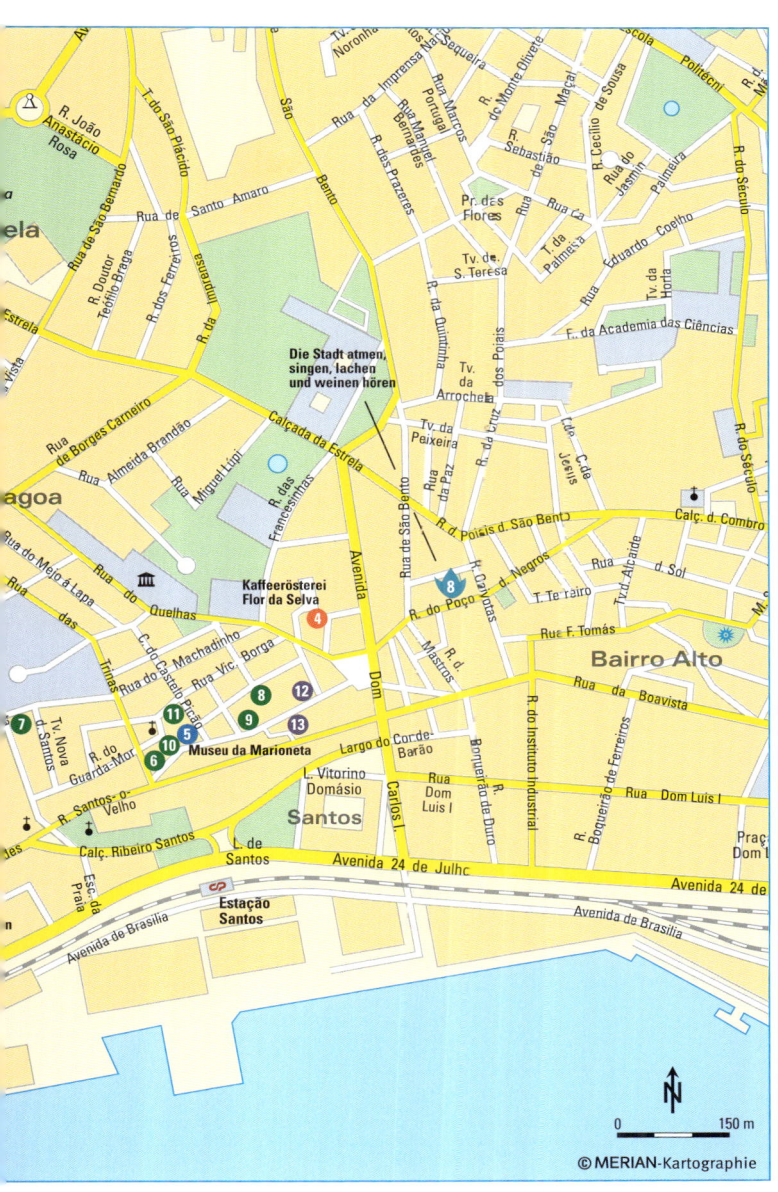

Die Stadt atmen, singen, lachen und weinen hören 8

Mit der Nr. »28« am Abend fahren – dann, wenn die Stadt ihr Alltagsgewand ablegt und sich der Nacht zuwendet –, dann erst wird es ein romantisches Vergnügen (▶ S. 14).

ses kleine Lager in Madragoa finden: Timor, Kolumbien, Brasilien, Angola, Indien, São Tomé, Indonesien, Uganda, Kamerun, Vietnam, Costa Rica, Honduras, Nicaragua, Jamaika. Und von den Kapverden kommt der Kaffee, der den poetischen Namen »Flor da Selva«, Dschungelblume, trägt. 1950 wurde das Familienunternehmen gegründet. Montags und mittwochs werden am Vormittag die Kaffeebohnen durch die Wärme eines Holzfeuers geröstet. Besucher sind willkommen und können hier auch den Dschungelblütenkaffee kaufen.

Travessa do Pasteleiro 32 | Bus: Conde Barão/Av. D. Carlos I | Tel. 213 96 53 84

MUSEEN UND GALERIEN

8 **Museu Nacional de Arte Antiga** ▶ S. 113

5 **Museu da Marioneta** ▶ S. 113

ESSEN UND TRINKEN

RESTAURANTS

6 **O Arêgos**  E 5

Typisch für Madragoa – Dies ist einer der Favoriten von Sofia Tempero (▶ S. 52): ein kleines, familiäres Restaurant mit frischen Produkten und traditioneller portugiesischer Küche.

Rua da Esperança 180 | Straßenbahn: Santos-o-Velho | Tel. 213 96 50 34 | Mo–Sa 12–15, 19–23 Uhr | €/€€

7 **Armazém da Cachaça** D 5

Flair und Atmosphäre – In einem Feinkostgeschäft von 1896 liegt dieses Restaurant mit feiner brasilianischer Küche. Die alte Einrichtung mit der wundervoll verzierten Holzdecke wurde ergänzt durch passende dunkle Holzmöbel. Die Tische sind stilvoll eingedeckt, und das Ambiente ist elegant, der Service aufmerksam-dezent. Auf der Speisekarte stehen brasilianische Klassiker wie die »moqueca de peixe«, ein Fischtopf mit Manioksauce, oder auch Fischfilet in Mangosauce. Viele Gerichte werden mit Kokosmilch zubereitet. Exotisch sind auch einige der Desserts. Das perfekte Restaurant für einen romantischen Abend.

Rua S. João da Mata 88 | Straßenbahn: R. S. João Mata | Tel. 213 96 52 64 | Mo–Sa 20–24 Uhr | €€

8 **Osteria – cucina di amici** E 5

Dolci in Madragoa – Ein Stück Italien mitten in Madragoa, das ist diese kleine Osteria, deren Wände über und über Bilder aus dem Italien der 1950er- und 1960er-Jahre zieren. Die Einrichtung ist so informell wie nur möglich, und die Gäste blicken in eine offene Küche. Hier wird gekocht wie für gute Freunde – das ist das Konzept. Und selbst die portugiesischen Gäste erliegen hier ab und an der Versuchung, miteinander in Italienisch zu parlieren. Es gibt eine Tageskarte und zum Dessert »torta caprese«, »tarte de mascarpone« und Birne mit Ricotta. Ein hübscher kulinarischer Kontrast und ein Ort des Dolce Vita.

Rua das Madres 52–54 | Straßenbahn: Santos-o-Velho | www.osteria.pt | Tel. 213 96 05 84 | Mi–So 12.30–15, 19.30–0.30 Uhr | €€

9 Taberna Ideal und Petiscaria Ideal ⚑ E 5

Thunfisch mit Süßkartoffeln – Susana Felicidade hat frischen Wind in die Lissabonner Gastronomieszene gebracht, als sie 2008 die Taberna Ideal und 2010 nebenan die Petiscaria Ideal eröffnete. Die Algarvia hat das Kochen von ihrer Großmutter gelernt, und das kann man hier schmecken. Ganz besonders ist das Konzept der Petiscaria mit ihren zwei langen Holztischen und ein paar kleineren Tischen. Man teilt sich z. B. zu zweit oder zu dritt zwei oder drei »petiscos« (kleinere Gerichte, die Portionen sind groß genug, sodass am besten jeder eine wählt), die aufeinanderfolgend serviert werden. Typisch für die Algarve wird hier vieles mit Süßkartoffeln zubereitet, z. B. der Thunfisch oder auch der Oktopus, beides köstlich. Und als Vorspeise gibt es Möhren mit Kreuzkümmel und Knoblauch, ein Klassiker der Algarve. Tipp: Kommen Sie möglichst früh und reservieren Sie für die Taberna Ideal, wenn Sie dort essen möchten.

– Taberna Ideal | Rua da Esperança 112–114 | Straßenbahn: Santos-o-Velho | Tel. 213962744 | Mi–So 19–2 Uhr | €€€ – Petiscaria Ideal | Rua da Esperança 100–102 | Tel. 213971504 | Di–Sa 19.30–0.30 Uhr | €€

10 O Tachadas ⚑ E 5

Sardinen auf Holzkohle gegrillt – Dies ist eine weitere Empfehlung von Sofia Tempero (▶ S. 52). Das O Tachadas bietet Spezialitäten vom Holzkohlengrill. Im Sommer sind die Sardinen die schmackhaften Stars dieses Restaurants, ganzjährig die Steaks.

Rua da Esperança 176 | Straßenbahn: Santos-o-Velho | Tel. 213976689 | www. facebook.com/restaurante.tachadas | Di–So 12–15, 19–23 Uhr | €/€€

11 A Travessa ⚑ E 5

Speisen in Klostermauern – Ein Restaurant, das polarisiert und manchen als überteuert gilt. Wir erwähnen es dennoch, weil es mit einer Terrasse im ehemaligen Kreuzgang des Bernardas-Klosters ein besonderes Ambiente hat. Aber auch die Innenräume sind wohltuend warm-romantisch gestaltet. Die Qualität von Küche und Atmosphäre hat allerdings ihren Preis.

Travessa do Convento das Bernardas 12 | Straßenbahn: Santos-o-Velho | www. atravessa.com/indexpt.html | Mo, Sa 20–24, Di–Fr 12.30–15, 20–24 Uhr | €€€€

EINKAUFEN

MODE

12 Reuse ⚑ E 5

Ein Sammelsurium aus Secondhandkleidung und Accessoires, Keramik und originellen Möbeln des hier lebenden holländischen Bühnenbildners Thomas Kahrel. In seinen Stühlen wird der Einfluss Gerrit Rietvelds sichtbar.

Rua da Esperança 24 | Straßenbahn: Condе Barão | Di–Sa 11.30–14, 17–24 Uhr

SCHMUCK

13 Reverso ⚑ E 5

Dies ist eine Galerie und Goldschmiede, die seit dem Jahr 1998 zeitgenössischen Schmuck von Goldschmieden und Designern aus ganz Europa ausstellt, aber auch selbst fertigt. Die Tür ist meist geschlossen, aus Sicherheitsgründen. Man sollte also klingeln.

Rua da Esperança 59–61 | Straßenbahn: Condе Barão | Tel. 213951407 | Mo 14–18, Di–Fr 11–19 Uhr

NICHT ZU VERGESSEN!

Lissabons große Vergangenheit als See- und Handelsmacht des 16. Jh. wird in den Baudenkmälern in Belém sichtbar, von hier legten die Schiffe der großen Entdecker ab. Im Osten des Zentrums dagegen ist das Lissabon des 21. Jh. entstanden.

Es gibt ein Bauwerk, das unverzichtbar zu einem Lissabonbesuch gehört: das **Hieronymuskloster** in Belém. Es ist der große steinerne Zeuge der glanzvollen Zeit der portugiesischen Seefahrt und des Reichtums, der Portugal durch Gewürz-, Gold- und Sklavenhandel zufiel. Hier, vom Hafen Restelo, brach Vasco da Gama im Juli 1497 auf, den Seeweg nach Indien zu finden. Prinz Heinrich, der große Wegbereiter der Expeditionen und der Expansion Portugals, erlebte dies nicht mehr. Er starb 1460. Die Portugiesen hatten zuvor Madeira (1418) und die Azoren (1427) entdeckt und waren an der afrikanischen Küste entlang bis Guinea vorgedrungen. 1488 umschifften sie erstmals das Kap der Guten Hoffnung. Da Gama kam am 20. Mai 1498 mithilfe eines arabischen Navigators im indischen Calicut an. Das Hieronymuskloster und die Kirche Santa Maria de Belém wurden ab 1501 errichtet. Der vielfältige Dekorstil mit Elementen aus der Seefahrt

◄ Ausgangspunkt der Entdeckungsreisen
in alle Welt: die Torre de Belém (► S. 105).

wurde sehr viel später als Manuelinik bezeichnet, nach König Manuel I.
Die Bauarbeiten verschlangen jährlich 70 kg Gold. Das Bauwerk steht am
Beginn der Neuzeit und verdeutlicht die immense Ausweitung des Welt-
bildes der Portugiesen. Jahrhundertelang hatten sie von ihrem schmalen
Streifen Land am weiten, wilden Atlantik auf das Meer hinausgeschaut.
Mit der Begegnung mit Indien, der Vegetation und der Kultur, weitete sich
ihr geistiger Horizont immens. Vieles davor ist im Kreuzgang des Hieronymusklosters zu spüren, ein unendlicher Reichtum an Formen und
Gestaltung. Drei Baumeister waren für die Arbeiten an der Kirche Santa
Maria de Belém und am Kreuzgang verantwortlich: Diogo Boitaca (ab
1501), João de Castilho (ab 1517) und Diogo de Torralva (ab 1540). Fast
40 Jahre wurde am doppelstöckigen Kreuzgang mit seinen zarten, fein ge-
meißelten Bögen und Säulen, die unendlich variierend mit Blüten, Ran-
ken, Ornamenten und christlichen Symbolen geschmückt sind, gearbeitet.

SEHENSWERTES

Hieronymuskloster  westl. A 6

An der Klosterkirche wurde mehr als
70 Jahre gebaut. João de Castilho schuf
das beeindruckende Südportal mit 24
Figuren, die Apostel und Heilige dar-
stellen: am Teilungspfeiler Prinz Heinrich der Seefahrer, zentral darüber die
Muttergottes von Belém (Bethlehem),
ganz oben der Erzengel Michael. Auch
der hl. Hieronymus mit dem von ihm
gezähmten Löwen ist präsent.

Das Westportal, Haupteingang der Kirche, schuf Nicolas Chanterenne. Es
zeigt die Themen der Weihnacht sowie
kniend und betend König Manuel I.
mit seinem Schutzpatron, dem hl. Hieronymus, und Königin Maria I. mit
Johannes dem Täufer. Im Inneren der
Kirche mit ihrem eindrucksvollen
Netzgewölbe stehen der Sarkophag
Vasco da Gamas und der Kenotaph für
den Dichter Luís de Camões, der am

10. Juni 1580 (dem späteren Nationalfeiertag Portugals) an der Pest starb
und in einem Armengrab bestattet
wurde. Sarkophag wie Kenotaph schuf
1894 der Bildhauer Costa Mota. Im von
Jean de Rouen gestalteten Chor im Stil
der Hochrenaissance sind König Manuel I. und Königin Maria I. sowie ihre Nachkommen bestattet. 1983 wurde
das Kloster der Hieronymiten zum
Weltkulturerbe der UNESCO erklärt.

🕐 In der Mittagszeit ist das Licht im
Kreuzgang am schönsten.

Belém | Praça do Imperio | Straßen-
bahr: Mosteiro Jerónimos | www.
mosteirojeronimos.pt | Okt.–April 10–
17.30 Mai–Sept. 10–18.30 Uhr | Eintritt
7 €, Kinder bis 14 J. frei, So bis 14 Uhr frei

Torre de Belém westl. A 6

Der 1514 bis 1520 gebaute Turm zur
Verteidigung Lissabons ist das Wahr-
zeichen der Stadt und war einst von

den Fluten des Tejo umspült. An der Südseite des Turms wacht Unsere liebe Frau der sicheren Heimkehr noch heute über die Reisenden, die den Turm passieren. Von der Terrasse oben, zu der eine sehr schmale Wendeltreppe hochführt, hat man eine wunderschöne Aussicht. Weltkulturerbe seit 1983.

Belém | Av. Brasília | Straßenbahn: Lg. Princesa | www.torrebelem.pt | Eintritt 5 € (Kombiticket mit Hieronymuskloster 10 €)

Padrão dos Descobrimentos

🔖 westl. A 6

32 Seefahrer, Könige, Mönche und der Dichter Luís de Camões, in Stein gemeißelt, blicken hier nach Süden, weit über Portugal hinaus. Am Bug einer Karavelle steht, in die Ferne schauend, ein mythisch-visionärer Heinrich der Seefahrer, der ein Schiff in seinen Händen hält. Das 1960 während der Diktatur geschaffene Entdeckerdenkmal sollte eindeutig an die Größe Portugals erinnern. Per Aufzug kann man auf die 50 m hoch gelegene Aussichtsterrasse fahren und genießt eine spektakuläre Aussicht. Einen visuellen Eindruck von den Seefahrten der Portugiesen und ihrem Vordringen bis Japan gibt die große Windrose mit einer Weltkarte vor dem Denkmal. Sie ist ein Geschenk Südafrikas.

Belém | Av. Brasília | Straßenbahn: Mosteiro Jerónimos | www.padraodos descobrimentos.egeac.pt

Palácio Marquês de Fronteira 🚹

🔖 C 1

Der Garten des Palastes mit seinen Kachelensembles aus dem späten 17. und 18. Jh., Grotten und Wasserflächen ist einzigartig. Zu den originellsten Bil-

Lissabons neues Kulturzentrum erleben 9

Cooler Charme: Die LX Factory ist Lissabons neues Kreativzentrum auf einem alten Fabrikgelände, mit einer lebendigen Restaurant-, Mode- und Designerszene (▶ S. 14).

dern gehören die musizierenden Katzen und seltsame Fabelwesen. Bei einigen Szenen sind die Grenzen zwischen beißendem Humor und Sozialkritik fließend. Der Reiz des Parks liegt aber auch in der gelungenen Integration von Kachelkunst und Gartenarchitektur – mit Skulpturen und Wasserelementen, alten Bäumen, Blumen und Buchsbaumhecken. Und mittendrin ein Bild der wichtigsten portugiesischen Malerin der Gegenwart, Paula Rego: Es zeigt, zum Element Feuer, in furiosem Pinselstrich eine tanzende Frau und einen Hund der durch einen Feuerreifen springt.

Benfica | Rua São Domingos de Benfica 1 | Metro: Jardim Zoológico, dann Bus bis Palácio Marquês de Fronteira oder Taxi | www.fronteira-alorna.pt | Mo–Fr 14.30–16.30 Uhr | Eintritt 3 €

Parque das Nações

🔖 nördl. J 1

Der Nationalpark ist ein Kind der Expo von 1998 und der klare Kontrapunkt zum historischen Lissabon. Zuvor war hier eine Industriebrache mit von Ölraffinerien verseuchtem Boden. Für die Weltausstellung wurde er abgetragen, und Lissabon erhielt mit dem modernem Messegelände, dem Atlantik-Pavillon für große Events, dem Ozeanarium und der Vasco-da-Gama-Brücke eine neue Infrastruktur in attraktivster

Lage – hier, wo der Tejo eine Breite von 10 km erreicht. Das Potenzial der Expo wurde perfekt umgesetzt, namhafte Architekten waren am Werk. Das Resultat ist eine bevorzugte Wohngegend mit Restaurants, Jachthafen, dem Shoppingcenter Vasco da Gama und dem Oriente-Bahnhof von Santiago Calatrava. Man kann in einer Seilbahn, dem **Teleferico**, hoch über dem Tejo schweben, auf Holzstegen übers Wasser oder durch exotische Gärten spazieren oder Fahrräder ausleihen (▶ S. 153).

Parque das Nações | Metro: Oriente | Teleferico tgl. 11–13.30, 14.45–19 Uhr | Ticket 3,95 €

Oceanário 6 nördl. J 1

Das Ozeanarium des Architekten Peter Chermayeff ist ein besonderes Erlebnis. Es zeigt die Lebenswelt der verschiedenen Weltmeere: des Nordatlantiks mit Papageientauchern, Rochen, Seeanemonen, des Indischen Ozeans mit farbenprächtigen tropischen Fischen, der Küsten der Antarktis mit Pinguinen und die gigantischen Algenwälder in den Zonen des gemäßigt-warmen Pazifiks mit einer der Attraktionen des Aquariums, den verspielten Seeottern. Diese Becken gruppieren sich um das Hauptbecken, das 5 Mio. Liter Wasser fasst. Alle Bassins erstrecken sich über zwei Ebenen, oberirdisch und aus der Perspektive in einigen Metern Tiefe. Hier hat man ein Erlebnis, als würde man tauchen und den Fischen unmittelbar auf Augenhöhe begegnen. Tipp: Pulli mitnehmen, drinnen ist es kühl.

Parque das Nações | Doca dos Olivais | Metro: Oriente | www.oceanario.pt | Sommer tgl. 10–20, Winter tgl. 10–19 Uhr | Eintritt 13 €, Familien 34 €

Törtchen und ein Hauch Belle Époque 10

Erspüren Sie in der eleganten Pastelaria Versailles bei Kaffee und Kuchen das Flair des frühen 20. Jh. Und dann geht's mit etwas Proviant zum Gulbenkian-Park (▶ S. 14).

ESSEN UND TRINKEN

O Botequim H 4

Hommage an die Literaten – Das Lokal war einst legendär, dann stand es leer, bis sich zwei junge Lissabonner 2010 den Traum erfüllten und ein neues, individuell gestaltetes Botequim schufen.

Graça | Largo da Graça 79 | Straßenbahn, Bus: Graça | Tel. 218 88 85 11 | http://botequim.net | Mo, Di, Do–So 14–2, Mi 17–2 Uhr

Graça do Vinho G 4

Kleine Weinbar – Ein kleines Kunstcafé, gestaltet wie ein großes, verwinkeltes Wohnzimmer mit zahlreichen lauschigen Ecken. Im Mittelpunkt stehen die Weine, zu denen kleine Häppchen wie Azeitão-Käse oder Pata-negra-Schinken serviert werden.

Graça | Calçada da Graça 10 | Straßenbahn: S. Tomé | Mo–Do 12–15, 17–22, Sa 11–15, 16–24 Uhr

Weitblick bei Sonnenuntergang 11

Genießen Sie am Miradouro Nossa Senhora do Monte mit seiner alten Kapelle den Blick auf die Ihnen zu Füßen liegende Stadt mit dem Burghügel und dem Tejo (▶ S. 15).

MUSEEN UND GALERIEN

*Die mehr als 40 Museen zeigen die Schätze der Seefahrer
oder widmen sich der Kunst aus aller Welt. Auch einige
Alltagsthemen haben ihr eigenes Haus erhalten. Ein Höhepunkt
sind zweifellos die Schätze des Museu Calouste Gulbenkian.*

Lissabons Museenlandschaft ist vielfältig und erstreckt sich über die gesamte Stadt. Die Auswahl hier stellt Museen vor, die wichtige Kunstschätze beherbergen, und solche, in denen die Kultur Portugals besonders präsent ist. Dies ist im Fado-Museum oder im Museum für Kachelkunst der Fall, dessen Highlight das 23 m lange Kachelbild ist, das eine rund 14 km fassende Panoramaansicht Lissabons vor dem Erdbeben 1755 zeigt.

KOSTBARKEITEN AUS ALLER HERREN LÄNDER

Die große Vergangenheit Portugals als Seefahrernation und einstige Weltmacht ist auch in den Museen spürbar und sichtbar. Vielfach haben Werke vor allem aus Asien den Weg in die portugiesischen Sammlungen gefunden. Im Museum für Alte Kunst ist eines der Meisterwerke der portugiesischen Malerei zu sehen: das sechsteilige Altarbild von Nuno Gon-

◄ Der herrliche Garten des Museu Calouste
Gulbenkian (▶ MERIAN TopTen, S. 110).

çalves aus dem späten 15. Jh. mit einer Doppeldarstellung des hl. Vinzenz, des Schutzpatrons von Lissabon. Ein Publikumsmagnet unter den Lissabonner Museen ist das Kutschenmuseum in Belém.
Die ungewöhnlichste Kunstsammlung ist in den Wirren des Zweiten Weltkriegs nach Portugal gekommen. Sie findet sich heute im **Gulbenkian-Museum** ⭐, benannt nach Calouste Gulbenkian, einem Türken armenischer Herkunft. Es ist eine der außergewöhnlichsten Kollektionen der Welt, allein schon deshalb, weil Gulbenkian sehr weit gefächerte Interessen hatte und alle Kostbarkeiten in sein Pariser Palais in der Avenue d'Iéna integrierte. Großflächige Kachelbilder aus dem Orient schmückten das Treppenhaus. Die Möbel aus der Zeit Louis XIV. und Louis XVI. und teilweise aus dem persönlichen Besitz dieser Könige sowie Königin Marie Antoinettes statteten den Wohnbereich aus. 1942 gelang es Gulbenkian, aus Paris mit seiner Sammlung nach Lissabon zu fliehen. Seine Kunstwerke und sein Vermögen wurden nach seinem Tod 1955 in die Stiftung Calouste Gulbenkian überführt, das Museum 1969 eröffnet. Auch moderne und zeitgenössische Kunst und Design sind in Lissabon präsent, z. B. im CAM, im MUDE und in der Kollektion Berardo in Belém.
Für Kinder und Jugendliche bis 14 Jahre ist üblicherweise der Eintritt frei. 50 % Ermäßigung gibt es für Schüler, Studenten, Rentner und Lehrer sowie mit der Lisboa Card. Sonntags ist in den staatlichen Museen und auch Monumenten bis 14 Uhr der Eintritt frei. Eine Übersicht über alle Museen Lissabons finden Sie unter www.visitar-lisbon.com/lisboa/places/museums.html.

MUSEEN

Centro de Arte Moderna (CAM) ◀▶ E 2

1983 wurde das CAM eröffnet. Wie auch das Calouste-Gulbenkian-Museum liegt es eingebettet in den großen Park mit Skulpturen, Wasserläufen und einem kleinen See. Es zeigt die Kollektion moderner und zeitgenössischer Kunst, die im Laufe von Jahrzehnten mit Geldern aus dem Vermögen der Gulbenkian-Stiftung gewachsen ist. Sie beläuft sich auf rund 10 000 Werke mit Schwerpunkt Portugal, darunter Werke von Amadeo de Souza-Cardoso, Almada Negreiros und Ana Hatherly.
Campo Pequeno | Rua Dr. Nicolau de Bettencourt | Metro: S. Sebastião | www.cam.gulbenkian.pt | Di–So 10–13 Uhr | Eintritt 5 €, So frei

MUDE ◀▶ G 5

Es ist eine kleine Zeitreise durch die Welt des Designs und der Mode des 20. Jh., unterlegt mit der jeweils passenden Musik. Um die 2000 Stücke umfasst die Sammlung Francisco Capelo, die seit Mai 2009 im MUDE (Museu do Design e da Moda) ihre Heimat hat, in einem bizarr anmutenden, verlassenen Bankgebäude mit nackten Betonwänden. Haute Couture von Dior und McQueen gehören dazu, ebenso Designklassiker wie Gerrit Rietvelds rot-blauer Stuhl, Design aus Finnland oder Japan. Baixa | Rua Augusta 24 | Metro: Terreiro do Paço | www.mude.pt | Di–So 10–18 Uhr | Eintritt frei

Museu Arquéologico do Convento do Carmo F 5

Das Museum für Archäologie in der vom Erdbeben 1755 beschädigten Karmeliterkirche legt seinen Fokus auf Ausgrabungen und Kunstschätze des 16. bis 19. Jh. Der erste Direktor des Museums, Possidónio da Silva, versuchte, die sakrale Kunst der Klöster nach der Säkularisierung 1834 vor der Zerstörung zu bewahren, indem er sie seit 1864 in dieses Museum überführte. Dazu gehören Kachelbilder aus dem 18. Jh., aber auch der Sarkophag von König Ferdinand I. aus dem 14. Jh. Ferdinand verehrte Franziskus von Assisi und wollte in schlichter Mönchskutte im Franziskanerkloster in Santarem bestattet werden. So geschah es, in einem mit Symbolen reich gestalteten Sarkophag. Die Front zeigt die Szene auf dem Berg La Verna, wo Franziskus die Stigmata empfängt. Den Beschädigungen zum Trotz ist noch zu sehen, wie eindrucksvoll der Bildhauer diese Szene herausgearbeitet hat. Auch Funde aus prähistorischer Zeit und aus der Zeit der Römer in Portugal sowie Mumien aus Peru und Ägypten gehören zur Sammlung.

Chiado | Largo do Carmo | Metro: Baixa-Chiado oder Elevador Santa Jus-a | www.museuarqueologicodocarmo.pt | Okt.–Mai Mo–Sa 10–18, Juni–Sept. 10–19 Uhr | Eintritt 3,50 €

Museu Calouste Gulbenkian E 1

Die Sammlung Calouste Gulbenkian umfasst etwa 6000 Objekte aus dem Zeitraum von ca. 2200 v. Chr. (altägyptische Kunst) bis Anfang des 20. Jh. aus Europa, dem Nahen Osten, Japan und China. Dazu gehören auch Gemälde von Rembrandt, Rubens, Turner, Monet, Manet, Renoir und Skulpturen von Rodin. Ein Highlight sind die Jugendstilarbeiten von René Lalique. Campo Pequeno | Av. de Berna 45 | Metro: S. Sebastião oder Praça de Espanha | www.museu.gulbenkian.pt | Di–So 10–17.45 Uhr | Eintritt 5 €, So frei

Kunst und Entspannung im Grünen 12

Der Gulbenkian-Park ist Lissabons grüne Insel – mit Skulpturen, Bächen und einem kleinen See, hohen Bäumen und Wiesen, Sitzmöglichkeiten und Terrassencafés (▶ S. 15).

Museu da Cidade nördl. E 1

Das Stadtmuseum im Palácio Pimenta zeigt 2000 Jahre Stadtgeschichte sowie Funde der ersten Besiedlung in prähistorischer Zeit. Aus der Zeit der Römer und Mauren sind Ton- und Glasgefäße, Grabsteine und Säulen zu sehen, aus der Ära nach der christlichen Eroberung eine Simulation der Stadtmauer des 14. Jh., Dokumente zu den Thermen in

der Alfama, Kacheln aus dem 16. und 17. Jh., aber auch Porzellan aus China sowie Möbel und Gemälde aus dem 18. bis 20. Jh. Das Meisterwerk der Sammlung ist das riesige Modell der Stadt aus der Zeit vor dem Erdbeben 1755, bei dem 23 bedeutende Gebäude und Plätze rekonstruiert wurden. Im Park des Museums hat die Künstlerin Joana Vasconcelos 2009 allerlei Keramik-Getier des wunderbaren Rafael Bordalo Pinheiro in die Teiche und ins Grüne gesetzt. Das Resultat ist Wildnis, Zoo und Paradiesgarten in einem, mit Schlangen, Krokodilen, Schnecken, Bienen, den von Bordalo Pinheiro so geliebten Fröschen und Seerosen aus Keramik. Dazwischen stolzieren einige Pfauenfamilien umher.
Campo Grande | Campo Grande 245 | Metro: Campo Grande | www.museu dacidade.pt | Di–So 10–13, 14–18 Uhr | Eintritt 2 €

Museu dos Coches 👫   🏊 westl. A 6

Das Kutschenmuseum in Belém zeigt Karossen, fast zu schön, um bewegt zu werden. Es sind mehr Traumgefährte, denen nur noch die Flügel fehlen, und doch haben sie lange irdische Wege zurückgelegt, ausgekleidet mit Samt, Brokat und Seide, bemalt und mit vergoldeten Figuren versehen. Noch finden sie sich in der ehemaligen Reithalle des Palastes von Belém, die mit ihrer glanzvollen royalen Architektur das passende Ambiente für die Nobelkarossen des 17. bis 19 Jh. bietet. Geplant ist der Umzug in den Neubau des brasilianischen Architekten Paulo Mendes da Rocha. 35 Mio. € wurden für das Prestigeprojekt ausgegeben, das der Kulturstaatssekretär Jorge Barreto Xavier im Juli 2013 öffentlich als Fehlinvestition bezeichnet hat. Der Umzug der Kutschen in den kargen weißen Bau an der

Das Museu dos Coches (▶ S. 111) präsentiert in der ehemaligen Reitschule des königlichen Schlosses im Vorort Belém Luxuskarossen aus drei Jahrhunderten.

Besucher vor dem Polyptychon »Die Anbetung des hl. Vinzenz« von Nuno Gonçalves (ca. 1470)
Der Flügelaltar ist eines der Meisterwerke im Museu de Arte Antiga (▶ MERIAN TopTen, S. 113).

Av. da Índia in Belém ist dennoch für Mitte 2014 vorgesehen. Ob die Kutschen und Besucher dort noch zum Träumen inspiriert werden, ist fraglich.
Belém | Praça Afonso do Albuquerque | Straßenbahn, Bus: Belém | www.museu doscoches.pt | Di–So 10–18 Uhr | Eintritt 5 €

Museu Coleção Berardo   ◢◤ westl. A 6

Neben den Werken aus der Sammlung Berardo mit Kunst des 20. und 21. Jh. zeigt das Museum temporäre Ausstellungen von Meistern aus aller Welt zu zeitgenössischen und häufig kritischen Themen. Zwei Skulpturen schmücken programmatisch die beiden Seiten des Museums: am Eingang »Nectar« von Joana Vasconcelos, auf der anderen Seite eine »Nana« von Niki de Saint Phalle.
Belém | Centro Cultural de Belém | Praça do Império | Straßenbahn:

Centro Cultural de Belém | www. museuberardo.pt | Di–So 10–19 Uhr | Eintritt frei

Museu do Fado   ◢◤ H 5

Eröffnet im September 1998, gibt das Museum am Fuße der Alfama einen Überblick über die Geschichte des Fado, seiner großen Sängerinnen, Sänger und Gitarristen, und zeigt Kunstwerke wie das Bild »O Fado« von José Malhoa von 1910. Der Fado ist dabei nicht nur visuell, sondern auch akustisch präsent, per Audioguide und in einer Hörbibliothek, die den großen Fadistas gewidmet ist. Filmisch dokumentiert wird die Konstruktion der zwölfsaitigen Guitarra Portuguesa. Interessant sind auch die Dokumente, die zeigen, wie die Zensur während der Zeit der Diktatur im 20. Jh. die Texte des Fado verstümmelt hatte, doch weniger aufgrund der politischen

Brisanz, vielmehr aufgrund moralischer Aspekte oder der Auseinandersetzung mit der Sinnlosigkeit der Existenz.

Alfama | Largo do Chafariz de Dentro 1 | Metro: Santa Apolónia | www.museudo fado.pt | Di–So 10–18 Uhr | Eintritt 5 € (inkl. Audioguide)

Museum Fundação Árpád Szenes – Vieira da Silva   E 3

Maria Helena Vieira da Silva (1908–1992) gehört zu den wichtigsten portugiesischen Malern des 20. Jh. Das 1994 eröffnete das Stiftungsmuseum zeigt in einer ehemaligen Seidenweberei aus dem 18. Jh. das Werk der Malerin und ihres Mannes Árpád Szenes. Beide lernten sich 1928 in Paris kennen. Sie kam aus Lissabon, er aus Ungarn. 1930 heirateten sie. Zu Beginn des Zweiten Weltkriegs reisten sie nach Lissabon, im Juni 1940, nachdem Árpád Szenes, der Jude ist, die portugiesische Staatsbürgerschaft verweigert wurde, weiter nach Rio de Janeiro. 1947 kehrte das Paar zurück nach Paris. Die Zeit des Zweiten Weltkriegs hatte Vieira da Silva zu einer tiefen Auseinandersetzung mit den Themen des Schmerzes, der Entwurzelung und der Absurdität menschlichen Daseins geführt. Erst mit ihrer Rückkehr nach Paris nahm sie die abstrakte Malerei wieder auf. Man kann den Reifungsprozess anhand der Bilder hier gut nachvollziehen. Und auch die Zwiesprache mit den Werken ihres Mannes, der, älter werdend, weiche, zarte, lichtvolle Kompositionen schuf. Ihre Motive dagegen: viel Schwarz, stark schraffiert, in die Tiefe und in die Höhe geschichtet. Sie entstanden langsam im Lauf vieler Monate, und in ihnen liegt ein Fragen, ein existenzielles Suchen verborgen.

Rato | Praça das Amoreiras 56 | Metro: Rato | http://fasvs.pt | Mi–So 10–18 Uhr, feiertags geschl. | Eintritt 4 €

Museu da Marioneta   E 5

Das Marionettentheater hat auch in Portugal eine große Tradition. Dazu gehören z. B. die aus Holz und Kork gefertigten Puppen von Santa Aleixo im Alentejo aus dem 18. Jh. Das Puppenspiel hier interagierte mit dem Publikum, oft provokativ und von Gitarrenmusik begleitet. Es gab Stücke für Kinder, aber auch für Erwachsene, abends in den Tavernen. Diese Kultur ist nahezu in Vergessenheit geraten, aber das Marionettenmuseum in einem Teil des ehemaligen Bernardas-Klosters hält etwas davon lebendig. Das Haus ist ein kleiner Schatz in der Museumslandschaft Lissabons. Es entführt in die magische Welt des Puppentheaters und zeigt multimedial die Mikrokosmen dieses Genres in Thailand, Burma, Vietnam, Afrika und Europa, hier natürlich vor allem Portugal.

Madragoa | Rua da Esperança 146 | Straßenbahn: Santos-o-Velho | www. museudamarioneta.pt | Di–So 10–13, 14–18 Uhr | Eintritt 5 € (inkl. Audioguide)

Museu Nacional de Arte Antiga   D 5

Eines der Meisterwerke des Museums ist der Triptychon »Die Versuchungen des hl. Antonius« von Hieronymus Bosch. Aber es gibt noch viele andere wertvolle und interessante Bilder im Museum für Alte Kunst, man sollte sich dafür mindestens zwei Stunden Zeit nehmen. Das Museum, 1884 gegründet, erstreckt sich über drei Etagen im Palast von Alvor und zeigt u. a. Malerei,

Bildhauerei, Möbel und Schmuck aus der Zeit des 12. bis 19. Jh. Es sind einige bedeutende europäische Maler vertreten, darunter Dürer, Holbein, Brueghel, Cranach. Viele Werke sakraler Kunst stammen aus portugiesischen Klöstern, die 1834 von den Orden aufgegeben werden mussten. Im zweiten und dritten Stock findet sich Kunst außereuropäischer Kulturen, etwa aus Benin, Japan und China aus der Zeit der portugiesischen Seefahrt im 15. und 16. Jh. In dieser Glanzzeit Portugals sind auch meisterhafte Gold- und Silberschmiedearbeiten entstanden, wie die hier gezeigte goldene Monstranz von Gil Vicente. Es war eine Epoche wirtschaftlicher wie auch kultureller Blüte zu Beginn der Renaissance.

Kleiner Kritikpunkt: Es gibt keinen Audioguide. Angesichts der Fülle bedeutender Werke wäre eine Fokussierung auf einige Objekte mit ausführlicheren Erklärungen zu Zeit und Werk sinnvoll. Zum Palast gehört ein Garten mit alten Bäumen, Skulpturen und einer Caféterrasse mit Aussicht auf den Tejo.

Madragoa | Rua das Janelas Verdes | Straßenbahn: Santos-o-Velho oder Bus: Cais Rocha | www.museudearte antiga.pt | Di 14–18, Mi–So 10–18 Uhr | Eintritt 5 €

Museu Nacional do Azulejo J2

Das Azulejo-Museum liegt weit im Osten Lissabons im ehemaligen Klarissen-Kloster **Madre de Deus**. Das Kloster wurde 1509 durch Königin Leonora erbaut. Die Kirche wurde im späten 16. Jh. mit blau-weißen Kacheln der Holländer Jan van Ort und Willem van der Kloet mit eindrucksvollen biblischen Motiven ausgestaltet. Das Museum zeigt die ganze Vielfalt, in der Kacheln seit dem 16. Jh. in Portugal verwendet wurden, von der Ausstattung von Kirchen und Klöstern mit religiösen Motiven über Jagdszenen für das Innere der Adelspaläste bis hin zu Kachelkunst aus dem 20. Jh. von namhaften portugiesischen Malern. In der kleinen, Königin Leonora gewidmeten Kapelle sind Porträts der vier Evangelisten des Florentiner Renaissancemeisters Andrea della Robbia zu sehen. Das Museum widmet sich auch der Forschung sowie der Restaurierung von Kacheln.

Xabregas | Rua da Madre de Deus 4 | Bus: Igreja Madre Deus | www.museu doazulejo.pt | Di–So 10–18 Uhr | Eintritt 5 €

Museu Nacional do Teatro und Museu de Traje nördl. C1

Beide Museen sind eingebettet in den großen, prächtigen Park Monteiro-Mor im Norden Lissabons. Das Theatermuseum liegt, zu Unrecht, im Schatten des Museu de Traje (www.museudotraje. pt), in dessen Mittelpunkt die Mode des Bürgertums seit dem 18. Jh. steht. Durch die Parkanlage mit ihren jahrhundertealten Bäumen, darunter Palmen und Magnolien, gelangt man zum **Palácio Monteiro-Mor** und durch eine wie ein Bühnenvorhang gestaltete Tür in die originelle Welt des portugiesischen Theaters. Auf zwei Ebenen werden fantasievolle Kostüme, Masken, Requisiten, Bühnenbilder sowie 3D-Modelle der bedeutenden Lissabonner Theater präsentiert, darunter der Casa da Comedia aus dem 16. Jh. Ein Highlight sind die großen, eindrucksvollen Marionetten von José Carlos Barros, mit denen 1985 in der Gulbenkian-

Das Kloster Madre de Deus bildet den würdevoller Rahmen für das Museu Nacional do Azulejo (▶ S. 114), das die Entwicklung der Fliesenbemalunç im Lauf der Jahrhunderte zeigt.

Stiftung »Dom Quixote« aufgeführt wurde. Rund um den Palast sind, ganz passend, große Fabelwesen aufgestellt. Lumiar | Estrada do Lumiar 10 | Metro: Lumiar, dort Ausgang Alameda das Linhas de Torres, dann Bus: Lg. Paço oder zu Fuß (ca. 10 Min.) | www.museudoteatro.pt | Di–So 10–18 Uhr | Eintritt 4 € (ohne Museu de Traje 3 €)

Museu do Oriente   ▶ C 6

Das Museum der Fundação Oriente, einer 1988 gegründeten Stiftung, zeigt Kunst und Möbel aus den asiatischen Kulturen, die seit dem 16. Jh. in Kontakt mit Portugal kamen. Viele Objekte, auch die der sakralen Kunst, erzählen von dem kulturellen, wirtschaftlichen und auch religiösen Austausch und Dialog zwischen den Portugiesen und den Reichen des Fernen Ostens. Ein weiterer Schwerpunkt des Museums widmet sich dem Schattentheater in Asien. Interessante temporäre Ausstellungen, Konzerte und Workshops.
Alcântara | Av. Brasilia | Doca de Alcântara (Norte) | Straßenbahn: Alcântara/Av. 24 Julho oder Bus: Alcântara Mar | www.museudooriente.pt | Di–Do, Sa, So 10–18, Fr 10–22 Uhr | Eintritt 5 €, Fr ab 18 Uhr frei

Im Fokus
Street Art: Lissabons
alte Fassaden

Lissabon bietet nicht nur Kunst aus vergangenen Jahrhunderten. Seit Jahren setzt die Street-Art-Szene an den alten Mauern der Stadt neue Akzente. Lissabon gehört inzwischen zu den Hotspots der Community und zieht renommierte Künstler aus aller Welt an.

Lissabon definiert sich durch sein Licht, die Kacheln, die dieses Licht reflektieren und so viel Farbe und Vielgestaltigkeit an die Wände bringen. Es definiert sich durch seinen Fluss, den Tejo. Durch den Fado. Und jedes Stadtviertel definiert sich nochmal eigens durch spezifische Charakteristika – eine alte, gewachsene Stadt. Der Blick der Reisenden konzentriert sich häufig auf dieses so viel reproduzierte Bild der Stadt. Dabei ist diese Metropole auch sehr jung, und man möchte sagen: Hey, öffnet Eure Augen, bewundert die Kunst auf den alten Mauern. Seht, wie lebendig und dynamisch diese Stadt ist. Steigt unten an der Avenida da Liberdade in die Standseilbahn und fahrt die Calçada da Gloria hoch. Fahrt vorbei an dieser Open-Air-Galerie, lasst die Bilder an Euch vorbeigleiten und staunt. In Lissabon gibt es so viel, vielleicht zu viel zu sehen, als dass es gelingen könnte, alles auf einen Blick zu fassen. Immer wieder fallen neue Details

◀ Der Künstler BLU gestaltete mit den Brasilianern »Os Gemeos« dieses Kunstwerk.

ins Auge, sogar wenn man schon lange hier lebt und bestimmte Orte längst vertraut erscheinen. Dass jedoch die Street Art so präsent, ja geradezu emblematisch für Lissabon geworden ist, das ist auch Bürgermeister Antonio Costa zu verdanken, der im Mai 2009 mit einem kleinen Mitarbeiterstab die »Galeria de Arte Urbana« (GAU) schuf, die Galerie für urbane Kunst. Dahinter verbirgt sich schlicht die Anerkennung und Würdigung der Street Art als förderungswürdige Kunstform. Und vielleicht noch ein bisschen mehr – ein Blick in die Zukunft gewissermaßen, hin zu einem jungen, vorwärts blickenden Lissabon
Doch GAU ist auch aus der Erfahrung heraus entstanden, dass das Ausmaß illegaler Graffiti im Bairro Alto so immens war, dass es eines anderen Umgangs damit bedurfte. Am Anfang stand die Reinigung der Hauswände, Türen und Fensterrahmen dort von den gesprayten Botschaften und Bildern aller Art. GAU steht auch für den Versuch, dieses Problem in den Griff zu kriegen, in Kontakt zu kommen mit der Szene und Formen der Legalität zu finden. Es begann mit der Galerie an der Calçada da Gloria, wo die Ausstellungen zweimal jährlich wechseln. Doch eigentlich sei die ganze Stadt eine Galerie für urbane Kunst, sagt Miguel Carrelo, Mitarbeiter beim Projekt GAU, das in der Form wohl weltweit einzigartig ist. Lissabon bietet nicht nur Street-Art-Künstlern ein sich permanent erweiterndes Forum. Die Stadt hat auch einen eigenen Mitarbeiterstab, der Projekte koordiniert, Journalisten aus aller Welt betreut, Anschluss zur Street-Art-Szene hält und, kurz gesagt, für die Dynamik dieses Genres in der Stadt sorgt. Auch Unternehmen, die ihre Fassaden mit Street Art gestalten wollen, bitten GAU um Hilfe und Kontakte zu den Künstlern.

DIE STREET ART IST HOFFÄHIG GEWORDEN

Anfangs war es nicht einfach, die Sprayerszene, die sich auch über ihre Illegalität, ihr Aufbegehren und ihre Underground-Kunst definiert, zu einer Zusammenarbeit zu bewegen. Das Misstrauen sei groß gewesen, so Miguel Carrelo. Doch Anerkennung wie auch eine Bezahlung für die geschaffenen Werke motivierten viele zur Kooperation. Einige von ihnen sind angesagte Künstler mit internationalem Renommee, beispielsweise Alexandre Farto aka VHILS. Er sucht immer wieder nach neuen Ausdrucksformen der Street Art und hat eine besondere Technik entwickelt: Er skulpturiert die Wände und prägt ihnen charakteristische Gesichter ein.

Der portugiesische Künstler VHILS ist inzwischen weit über die Grenzen Lissabons hinaus bekannt und hat in London, Bogota, Medellin, Cali, Moskau und auch in New York seine Bildwerke hinterlassen.

Lissabon wiederum zieht international bedeutende Graffitikünstler an. Markant ragen die drei leer stehenden, mit Street Art überzogenen Häuser an der Avenida Fontes Pereira de Melo heraus. Eines von ihnen, ein Gemeinschaftswerk der Brasilianer »Os Gemeos« (Die Zwillinge) und »Blu« (Italien), wurde vom »Guardian« als eines der zehn wichtigsten Street-Art-Projekte weltweit ausgewählt, zwischen Arbeiten namhafter Künstler wie Jenny Holzer oder Keith Haring. Das Werk entstand im Mai 2010, einen Monat nach dem Desaster von Deepwater Horizon im Golf von Mexiko und nimmt kritisch Bezug dazu, indem es den riesigen Kopf eines Mannes zeigt, der an einem Strohhalm an der Erde saugt. In der Krone, die er trägt, sind die Marken der größten Erdölfirmen zu erkennen. Alexandre Farto reiht sich ebenfalls in die Top-Ten-Liste des »Guardian« ein, mit einem Werk in einem bröckelnden Londoner Tunnel.

Es war wie eine Initialzündung. In Lissabon ist ganz viel in Bewegung geraten, und auch in Außenbereichen und in Problemvierteln ist die Stadt mit Street-Art-Projekten präsent. In einem Stadtteil wie Chelas, geprägt durch Drogen und Kriminalität, hatte ein Projekt von GAU vor allem die wichtige Aufgabe, den Menschen dort mehr Selbstwertgefühl und Stolz auf ihr mit eigenen Kunstwerken gestaltetes Viertel zu geben.

LISSABON ZIEHT STREET-ART-KÜNSTLER AUS ALLER WELT AN

Die Präsenz namhafter Künstler wie Alexandre Farto und dessen internationale Kontakte bewegen wiederum renommierte Künstler aus allen Teilen der Welt, in Lissabon Werke zu schaffen. Zwei dieser Projekte, an denen Farto maßgeblich mitgewirkt hat, seien hier genannt: »Crono« (2010/2011) und »Underdogs« (2013). Im Rahmen von »Crono« wurden u. a. die Fassaden der leer stehenden Häuser an der Avenida Fontes Pereira de Melo bemalt, ebenso der Stadtpalast an der Avenida da Liberdade.

Durch Underdogs kam »Cyrcle« nach Lissabon, zwei US-Amerikaner, die im Frühsommer 2013 die Calçada da Pampulha im Stadtteil Alcantâra gestalteten. Auch C215, ein Street-Art-Künstler aus Frankreich, hat seine Spuren in Lissabon hinterlassen, ebenso dessen Landsmann »M. Chat«. Wenn Sie eine fröhlich-dynamische grinsende Katze im Stadtbild sehen, dann können Sie nahezu sicher sein, dass sie von »M. Chat« stammt.

Aber Street Art ist auch vergängliche Kunst. Erinnern wir uns an die bemalte Mauer in Berlin. Oder Häuser werden abgerissen. Oder manchmal ist die Kunst selbst auch einfach vergänglich, wie das von Boris Hoppek mit Schlamm und Schablonen, die zwei Augen und den Mund freihielten, kreierte Gesicht in Alcantâra. Es löste sich innerhalb kürzester Zeit auf, und nur Fotos dokumentieren die Aktion. Ein solches Werk zu schaffen bedeutet, es bewusst der Vergänglichkeit auszusetzen.

Doch nicht nur namhafte Street-Art-Künstler aus der ganzen Welt kommen nach Lissabon. Eingeladen sind auch die Bürger der Stadt, mit Farben, Pinseln und Spraydosen loszuziehen. Konkrete Objekte sind die grünen Glascontainer. Es ist ein Projekt, das wohl erst beendet sein wird, wenn alle Container bemalt sind. Die Kreativität kennt hier keine Grenzen. »Recyclar o Olhar« – so heißt das Projekt: und klar, der Blick wird recycelt und geweitet. Aus einem grünen austauschbaren Allerwelts-Glascontainer wird ein kleines Kunstwerk, ein Unikat. Es hat eine kleine Geschichte, die es mit jenen verbindet, die ihn bemalt haben. Aber die behält es für sich.

Die Rua das Murtas umgibt im Norden der Stadt von zwei Seiten das große psychiatrische Krankenhaus Júlio de Matos. Verschiedene Künstler sind im Moment dabei, die rund 1 km lange Außenmauer zu gestalten. Es ist eine blaue Wand geworden, mit Menschen, die uns anblicken, die auf dem Kopf stehen, die wegschauen, die grinsen oder gar hemmungslos lachen. Ein anderer Künstler, AKAY, hat dort über eine längere Fläche die Mauer regenbogenfarben besprüht. Und natürlich gibt es immer noch Street Art jenseits des städtischen Projektes GAU. Das sind die Werke, die wild wachsend und nach wie vor illegal, oft auch bewusst illegal, entstehen. Alle sind sie Teil des Gesamtkunstwerks Lissabon, in Spannung gesetzt zur alten Bausubstanz der historischen Stadt.

INFORMATIONEN

Viele aktuelle Informationen und Bilder zu Street Art in Lissabon findet man auf **www.lisbontrail.com/exploration-guide-real-lisbon**.

http://portuguese-american-journal.com/lisbon-graffiti-listed-among-the-worlds-best-street-art-portugal informiert über das Graffiti-Projekt in Lissabon, das vom »Guardian« zu den zehn besten Werken der Street Art weltweit gezählt wird. Mit youtube-Video über »work in progress«.

Auf **www.theguardian.com/culture/gallery/2011/aug/07/art#/?picture=37763 9965&index=9** werden die Top Ten des »Guardian« ausführlich in Bildern und Texten vorgestellt.

Die Holländerin Helma bietet seit Herbst 2012 eine zweistündige »Street Art Graffiti Tour« durch Lissabon in englischer Sprache an.
Kontakt: mobil 96 39 00 | www.facebook.com/streetartgraffititour | Di–Sa 1–13 Uhr | Treffpunkt Rossio

BAIXA, MOURARIA, GRAÇA –
KLEINE LIEBESERKLÄRUNGEN

*Dieser Spaziergang führt von der Baixa durch die Mouraria
hinauf nach Graça. Es ist eine intime und sinnliche Begegnung
mit Lissabon, mit historischen Orten, alten Geschäften, versteckten
Kostbarkeiten und auch mit den Werken, die Künstlerinnen wie
die hier wohnende Britin Camilla Watson der Stadt geschenkt haben.
Der letzte Wegabschnitt ist steil, aber die Mühen des Aufstiegs
werden belohnt: Es lockt der Miradouro da Graça mit seiner
wunderbaren Aussicht auf die Stadt und den Tejo.*

◀ Der weitläufige Rossio (▶ S. 65) bildet den nördlichen Abschluss der Baixa.

START   Rossio
ENDE   Miradouro da Graça
LÄNGE   ca. 3 Kilometer

Der Spaziergang beginnt am **Rossio**, den es seit Jahrhunderten im Stadtbild gibt. Nach dem Erdbeben 1755 bekam der Platz ein neues Gesicht, mit Bürgerhäusern. 1787 eröffnete der Italiener Nicola hier ein Café, das schnell zur Stammkneipe des Dichters Barbosa du Bocage wurde. Das **Nicola** hatte eine wechselvolle Geschichte. 1929 wurde ein neues Café Nicola am alten Platz eröffnet. Die Fassade hat der Lissabonner Architekt Norte Junior gestaltet, den eleganten Innenraum im Stil des Art déco Raul Tojal. Nebenan liegt eines der Schmuckstücke unter den Geschäften Lissabons, die **Tabacaria Monaco** mit den wunderschön auf Kacheln gebannten Fröschen und Störchen, lustvoll dem Rauchen frönend, von Rafael Bordalo Pinheiro. Auf der Säule in der Mitte des Platzes steht Pedro IV., der im 19. Jh. auf der Seite der Liberalen gegen die Soldaten seines absolutistisch herrschenden Bruders Miguel kämpfte. Das Schauspielhaus an der Nordseite wurde nach seiner Tochter, Königin Maria II., benannt. In den 1940er-Jahren waren die Cafés am Rossio regelmäßig mit den vielen Flüchtlingen gefüllt, die in der Hoffnung auf eine Schiffspassage nach Amerika in Lissabon ankamen und hier oft Wochen und Monate mit Warten zubrachten.

Wir überqueren den von Wellen bewegten Grund des Rossio, ein Motiv, mit dem er bereits 1849 ausgestattet wurde. Wir gehen links an der Pastelaria Suiça vorbei in die Rua do Amparo. Hier beginnt die Praça da Figueira, die bis 1949 von einer orientalisch anmutenden Markthalle geschmückt wurde. Im Zuge monumentaler faschistischer Ästhetik wurde sie abgerissen. Einsam auf seinem Pferd überblickt stattdessen König João I. nun den Platz, die Straßenbahnen, die Skater, die Touristen und ein Stück der Baixa.

Lissabon riechen, schmecken, sehen

An der Ecke liegen zwei alte Läden, die Samenhandlung **Soares & Rebelo** und daneben die **Bacalhoaria e Manteigaria Silva**. Der eine verkauft seit 1935 das Saatgut der eigenen Marke »Hortelão« und hat sich mit dem grün gestrichenen Holz und der grün-weiß gestreiften Markise den Stil einer vergangenen Zeit bewahrt. Genauso ist es mit der 1956 eröffneten Manteigaria Silva: In einem separaten Bereich werden Stockfisch und andere getrocknete Fische verkauft. Im Laden sind die Fenster mit Pata-negra-Schinken dekoriert, von den einheimischen Schweinen der Rasse »Porco Preto«. Drinnen steht eine Maschine von 1923, ein großes rot-silbernes Ungetüm der Marke »Berkel« aus Holland. Mit ihr werden heute noch hauchdünne Scheiben Schinken geschnitten. Sie ist der Stolz des Geschäfts, das zuvor eine Metzgerei war. Aber schauen Sie sich um, was es alles gibt. Nase, Augen und Gaumen werden gleichermaßen verwöhnt. Es gibt da z. B. den Schafskäse aus Azeitão, im Inneren cremig wie weiche Butter und wohl nicht für jedermanns Nase, so würzig wie er riecht. Wir gehen auf der linken Seite die Praça da Figueira entlang, mit Blick auf das

Castelo São Jorge. Auf Haus Nr. 7 liegt die älteste Puppenklinik Europas, 1830 eröffnet. Heute gibt es ein kleines Museum im ersten Stock (Mo–Sa 10.30–12.30, 15.30–17 Uhr). Am Ende des Platzes durchqueren wir die Rua João das Regras. Noch sind wir in der Baixa, dem Viertel, das komplett neu und geradlinig angelegt nach dem Erdbeben 1755 errichtet wurde. Hier am Burghügel beginnt aber bereits die Mouraria.

Unten am Fuß, in der Rua do Poço do Borratem, steht ein Gebäude (Nr. 26–30) mit einem gotischen Spitzbogen. Er ist definitiv ein Relikt aus der Zeit vor dem Erdbeben 1755. Das Haus links daneben hat besondere Kacheln: weiße Kugeln auf blauem Hintergrund. Viele dieser handgemalten Kacheln aus der Zeit um 1860 wurden gestohlen oder beschädigt. Wir gehen rechts ins Beco dos Surradores und dort die Treppen hoch. Links liegt ein Restaurant mit pakistanisch-indischer Küche, eine erste Einstimmung auf die Mouraria, Lissabons multiethnischstes Stadtviertel. An einer Mauer wurde 2009 ein Bild des vom Kubismus geprägten Malers und Dichters Mário Dionísio (1916–1993) reproduziert. Es ist ein erster künstlerischer Vorgeschmack auf dieses Quartier, in dem viele Schwarze und Asiaten leben.

Visuelle Liebeserklärungen (I)

Oben liegt der Largo do Trigueiro, ein Beispiel für die gelungene Sanierung, die im Frühjahr 2011 in diesem Stadtteil Einzug gehalten hat. Vielerorts wurden Bänke aufgestellt und Bäume gepflanzt. Verweilen Sie ein wenig. 2007 kam die britische Fotografin Camilla Watson von São Paulo in Brasilien in dieses Lissabonner Viertel. Sie entschied zu bleiben, genau an diesem Platz. Mit ihren Fotografien hat sie den Bewohnern eine visuelle Liebeserklärung gemacht, zu sehen auf den Hauswänden hier, beispielsweise gleich rechts im Beco das Farinhas, der Gasse des Mehls, das Projekt »Tribute«, eine Hommage an die alten Menschen, die in dieser kleinen Straße und der Umgebung leben.

Wir gehen nun durch diese Gasse. Es gibt hier etwas Typisches zu sehen, was auch charakteristisch ist für Häuser in der Alfama. Hinter der zweiflügligen Tür der Nr. 16 verbirgt sich eine Erdgeschosswohnung, hinter der Nr. 18 das Stiegenhaus hoch in die oberen Stockwerke. Die Erdgeschosswohnungen haben häufig nach hinten keine weiteren Fenster, die Räume sind klein. Direkt hinter der Tür liegt der Wohnbereich und ein weiteres Zimmer oft im Inneren wie in einer Höhle. Dies erinnert an die Wohnungen der Armen in Neapel.

Visuelle Liebeserklärungen (II)

Wir kommen an einem Restaurant mit italienischer Küche, Cantina Baldracca (ich mag's), vorbei in die Rua de São Cristovão. Am Ende der Straße liegt die Kirche, benannt nach dem Schutzpatron aller Reisenden. Rechts im Haus Nr. 3 gibt es einen Laden, der auf den ersten Blick kitschig-bunt-schrill wirkt. Doch A Loja (Mo–Sa 11–20 Uhr) zeigt erst auf den zweiten Blick seine Schätze. Die französische Fotografin Gabrielle de Saint Venant hat sich bei einem längeren Besuch in die Mouraria verliebt, ist hierhergezogen und hat 2011 dieses Geschäft mit zeitgenössischer Keramik, Vintage und Kuriosem, wie sie es selbst nennt, eröffnet. Etwas von der Liebe zu Portugal und besonders zur Mouraria ist spürbar, wenn sie sagt, dass das portugiesische Kunsthandwerk voller Poesie, voller Süße sei.

Wir gehen nun links vor der Kirche São Cristovão hoch durch den Beco de São Francisco zum **Largo da Achada**. Es ist ein schöner, klarer und heller Platz mit einer »bica«, einem der kleinen Trinkwasserbrunnen, die es in jedem Viertel Lissabons gab. Dies ist einer der ältesten Bereiche der Mouraria. Hier am Platz führt auch der im Sommer 2013 eröffnete »Historische Rundgang« vorbei. Auf Portugiesisch und Englisch sind an elf Punkten Charakteristika und bedeutende Bauwerke beschrieben.

An der Ecke zur Rua da Achada, in die wir jetzt gehen, liegt das im September 2009 eingeweihte Kulturzentrum **Casa da Achada** (Mo, Do, Fr 15–20, Sa, So 11–18 Uhr). Dahinter steckt ein Kul-turverein engagierter Bürger. Es gibt temporäre Ausstellungen, ein Kino und Kurse in kreativer Gestaltung.

Visuelle Liebeserklärungen (III)

Gegenüber liegt nun das improvisierte Open-Air-Kino der Casa da Achada, mit Programm von Juli bis Ende September. Das Haus mit den gotischen Spitzbögen an der Ecke zum Beco da Achada wurde von der Historikerin Gabriela Carvalho als eines der ältesten Bauten Lissabons beschrieben. Es geht weiter in den Beco das Flores mit einigen hübsch sanierten Häusern in Weiß mit kräftigen roten Akzenten. Aber auch extrem verfallene Häuser liegen in der Gegend um den Largo da Achada. Wir biegen rechts in die Rua das Farinhas ab, mit einigen interessanten Steinen, z. B. über der Nr. 24 ein laufender

Vogel und darüber die Buchstaben »SAM VECETE«, ein Verweis auf Sankt Vinzenz. Oft ließen aber auch die Besitzer von Land solche Steintafeln anbringen. Es geht nun rechts den Beco do Castelo hinauf. Diese Gasse hat eine sehr intime Atmosphäre, und die sollten auch die Besucher wahren (und eher zurückhaltend fotografieren – diese Empfehlung gilt für den gesamten Spaziergang).

Oben blickt man auf ein Werk des brasilianischen Street-Art-Künstlers Calma. Seine exotische Schönheit mit den langen wallenden Locken setzt seit 2011 einen hübschen Kontrapunkt zu den schlichten Gemäuern rundum.

Wir folgen den Treppen durch die Calçada da Rosa hinunter zum Largo da Rosa, vorbei an den Mauern eines einstigen Klosters mit seinem Garten. Die Fassade des Hauses, in dem der Dichter Afonso Lopes Vieira (1878–1946) lebte, wurde im 20. Jh. von dem portugiesischen Architekten Raul Lino neu gestaltet. Er hat an dieser Stelle einen Auszug aus einem Gedicht Vieiras eingearbeitet: »or piango, or canto« (Nun weine ich, nun singe ich).

Gegenüber liegt der monumentale **Palácio da Rosa**, der bei dem Erdbeben 1755 schwer beschädigt und neu errichtet wurde, mit einem eindrucksvollen Portal mit zwei prächtigen Löwen. Besitzer waren die Marquis de Ponte de Lima. 1970 wurde er von der Stadt Lissabon gekauft, ohne Mittel, den Palast zu erhalten oder zu restaurieren. 2009 erwarb ihn eine Hotelgruppe aus Madeira. Von außen ist kaum vorstellbar, dass hinter dieser Fassade noch jemand wohnen würde. Tatsächlich lebten aber im Mai 2010 noch elf Familien, insge-

samt 28 Personen, unter ziemlich unwürdigen Bedingungen in einem Teil des Anwesens. Links befindet sich der ehemalige Waschplatz der Mouraria.

Unter der Terrasse des Palastes liegt die dem hl. Lorenz geweihte Kirche. Wir gehen rechts in die Rua do Marquês de Ponte de Lima hinein. Die Stadthäuser hier sind zumeist nach dem großen Erdbeben von 1755 erbaut worden und oft komplett mit Kacheln verkleidet. Ab und an fehlen an einem Haus die Kacheln – sie wurden zumeist gestohlen. Dieses Problem gibt es schon seit vielen Jahren. 2007 wurde das Projekt »SOS Azulejo« gegründet, unter Federführung des Museums der Kriminalpolizei. Ziel ist es, Diebstahl, Vandalismus und unachtsame Zerstörung von Kacheln und Kachelbildern zu verhindern, die Bevölkerung zu sensibilisieren und über Diebstähle zu informieren. Es ist inzwischen mehrfach gelungen, gestohlene Kacheln wiederzubeschaffen. 2013 wurde das Projekt mit dem Großen Preis des »Europa Nostra Awards« ausgezeichnet.

Am Beco do Guia links, mit einem Portrait des Fado-Gitarristen Miguel Ramos an der Hauswand, geht es nur scharf links um die Ecke in die Rua João de Outeiro. Der Weg führt uns in die engen Gassen und ins Herz der Mouraria. Im Haus Nr. 52 wurde 1924 die Fado-Sängerin Argentina Santos geboren, der das Fado-Restaurant A Parreirinha da Alfama gehört. Im Haus Nr. 24 liegt das Restaurant **Zé da Mouraria** (Mo–Sa 12–16 Uhr), mit Lorbeerzweigen und Knoblauch unter der Decke und einer offenen Küche, in der in großen Pfannen die Fleisch- und Fischgerichte zubereitet werden.

Blick vom Miradouro da Graça (▶ S. 15) auf den Multikulti-Stadtteil Mouraria am frühen Morgen.
Die Aussichtsterrasse unter Schirmpinien ist ein romantischer Ort für Verliebte und Träumer.

Fado – der Blues der Portugiesen

Fado wird auf dem nächsten Stück durch die Mouraria ein Hauptthema sein. Camilla Watson's Projekt »**Retratos de Fado**«, zu dem auch das Bild von Miguel Ramos gehört, wird uns begleiten. Die Mouraria gilt als Wiege des Fado. Konkret das Haus, das heute die **Casa da Severa** ist. Hier starb 1846 im Alter von nur 26 Jahren Maria Severa Onofriana an Schwindsucht. Ihre Stimme, ihr Ausdruck, ihre Art zu singen markieren den Beginn des Fado, dessen Ursprünge im Dunkeln verborgen bleiben. Der Wortstamm liegt nah bei »Fatum« und damit Schicksal, Bestimmung. Sicher ist, dass sich in ihm, wie im amerikanischen Blues, die Gefühle der Menschen am Rand der Gesellschaft ausdrückten. Und er hat sie miteinander verbunden bis heute. Der Fado schafft ein Band der Verständigung.

Die Rua João de Outeiro trifft auf die Rua do Capelão. Hier an der Ecke gibt es ein kleines Obst- und Gemüsegeschäft, eine Fischhandlung, und hier finden sich der ungekrönte König und die Königin des Fado: Amália Rodrigues und Fernando Maurício. Sie haben ihre und nachfolgende Generationen geprägt. Fernando Mauricio wurde in der Mouraria geboren, auch Amalia

Der imposante Klosterkomplex mit der Kirche Nossa Senhora da Graça (▶ S. 127) wurde nach dem Erdbeben von 1755 wieder aufgebaut. Der Glockenturm stammt aus dem Jahr 1738.

Rodrigues kam aus einfachen, ärmlichen Verhältnissen. Er zog zeitlebens die dunklen Tavernen seines Viertels den großen Konzertsälen vor. Sie dagegen wurde mit ihrer einzigartigen Stimme international zu einer kulturellen Botschafterin Portugals.

Wir gehen nach rechts und stehen nach ca. 20 m vor der von der Stadt modernisierten Casa da Severa, die seit Juli 2013 ein Restaurant des Fado-Sängers Helder Moutinho mit anspruchsvollem Fado beherbergt, in einer Kooperation mit dem **Museu do Fado** (Di–Sa 19–2, Fado Do–Sa ab 22 Uhr). Hier beginnt die Rua da Guia. Rechts liegt die **Par-**

reirinha da Mouraria, 2013 ein bisschen aufgehübscht, aber immer noch schlicht und improvisiert. Es ist der »Dorfplatz« der Nachbarschaft. Man trinkt ein Bier, isst ein gegrilltes Stück Fleisch oder Fisch, verweilt, spielt Karten, beobachtet und kommentiert das Leben auf der Straße. Es ist auch ein kosmopolitischer Dorfplatz, ein Ort der Toleranz und Integration.

Relikte aus der Zeit der Mauren

Oben trifft die Rua da Guia wieder auf die Rua Marquês de Ponte de Lima. Wir gehen nun nach links, überqueren die Schienen der Straßenbahn Nr. 12

und es geht auf einem ausgetretenen, unebenen Pflaster durch die enge Travessa dos Lagares hoch. Hier wuchs die heute bedeutende Fado-Sängerin Mariza auf, deren Eltern aus Mosambik stammen. Die Namen der Straßen zeugen noch von den Gewerben der Mauren. Es gab Ölpressen (»lagares«) und Töpfereien (»olarias« – ein Stück weiter liegen der Largo und die Rua das Olarias). Die Erde war reich an Ton.

Rechter Hand befindet sich die lange Außenmauer des **Quarteirão dos Lagares**. Ausgrabungen brachten im Inneren eine alte Gartenanlage mit zwei Brunnen und Keramiken aus dem 15. bis 17. Jh. zutage. Auf dem Gelände wird aktuell ein neues Zentrum für verschiedenste Aktivitäten in der Mouraria errichtet, unter Einbeziehung der bestehenden Strukturen.

Camilla Watson hat die Außenmauern im Rahmen ihres Projekts »**Inside out**« mit Fotografien aus dem Inneren, auch der archäologischen Arbeiten sowie der Anwohner des Viertels gestaltet. Sie schreibt über sie: »a community that is full of character, warmth and tremendous charisma making Mouraria a very special place.« Wir biegen hier rechts um die Ecke. Der Blick fällt auf die weiße Kirche **Nossa Senhora da Graça** mit ihrem barocken Kirchturm. Unser Weg führt uns nun dort hinauf. Das letzte Stück ist etwas beschwerlich. Es geht links in die **Caraçol da Graça**, es gilt 227 Stufen zu erklimmen! Sie können aber hier auch in dem 2013 angelegten größten innerstädtischen Park mit Blick auf Lissabon eine Pause einlegen.

Nach dem Aufstieg eröffnet sich eine der schönsten Aussichten auf Lissabon, vor allem wenn die Sonne tief im Westen steht. Lissabon liegt Ihnen hier zu Füßen. Unter Schirmpinien können Sie sich im Terrassencafé **Esplanada da Graça** (tgl. 12–3 Uhr) ausruhen. Öffentliche Toiletten gibt es in der kleinen Grünanlage unmittelbar hinter dem Aussichtspunkt.

Der Blick schweift weit nach Westen, auf den Tejo und die Brücke des 25. April. Am Horizont sieht man die Kuppel der Basilica da Estrela. Ein ganzes Stück näher, auf dem gegenüberliegenden Hügel, ist der Aussichtspunkt **São Pedro de Alcântara** zu erkennen, rechts davon der Botanische Garten. Ein Stück weiter links sieht man den Aufzug Santa Justa mit der Karmeliterkirche im Chiado und im Vordergrund einen Teil des Castelo São Jorge.

Sie können hinter der Kirche am Largo da Graça (es gibt zwei Plätze gleichen Namens) mit der berühmten Tram 28 zurück ins Zentrum fahren. Oder noch ein wenig den Stadtteil Graça mit seinen drei Arbeitersiedlungen und dem höchsten Aussichtspunkt **Nossa Senhora do Monte** erkunden. Es ist ein junger Stadtteil, der mit der Industrialisierung seit dem späten 19. Jh. gewachsen ist. Direkt am Largo da Graça liegt die älteste Arbeitersiedlung Villa Sousa von 1890 mit dem **Café Botequim**, einst die Literatenbar Lissabons.

Ein Ort mit Livemusik, Muße und Licht

Ein Café oder ein Glas Wein am Miradouro da Graça – im Winter am Nachmittag, wenn die Sonne tiefer steht, im Sommer am Abend, wenn es oft Livemusik gibt (▶ S. 15).

DAS UMLAND ERKUNDEN

Der Palácio da Pena, ein Märchenschloss aus dem 19. Jh. in Sintra (▶ MERIAN TopTen, S. 132).

ATLANTISCHES FLAIR IN CASCAIS

CHARAKTERISTIK: Die Kleinstadt an einer sandigen Atlantikbucht westlich von Lissabon wartet mit einem Leuchtturm und einem ungewöhnlichen Museum auf **DAUER:** Halbtagesausflug **LÄNGE:** 25 km (einfach) **ANFAHRT:** per Zug vom Cais do Sodré (Dauer 40 Min.), das Ticket kostet 1,80 € (Tarif »Zapping«). Die Züge verkehren Mo–Fr tagsüber alle 15 Min., am Wochenende alle 20 Min. **EINKEHRTIPP:** House of Wonders, Café-Restaurant und Galerie, Largo da Misericórdia, mobil 9 11 70 24 28, tgl. 11–23 Uhr **AUSKUNFT:** Touristeninfo, Rua Visconde da Luz Nr. 14, Tel. 2 14 86 82 04, Mo–Sa 9–19, So, feiertags 10–18 Uhr

Die schmucken, reich verzierten Häuser aus dem späten 19. Jh. und einzelne Palais erzählen noch von der Geschichte der Kleinstadt an der Mündung des Tejo, die schon im späten 19. Jh. die portugiesischen Könige anzog. Cascais und Estoril mit seinem Casino wurden im 20. Jh. eine Art portugiesische Côte d'Azur. In den Wirren und Umbrüchen des 20. Jh. lebte u. a. die spanische Königsfamilie hier im Exil. Alma Mahler und Franz Werfel, Peggy Guggenheim und Max Ernst, Eduard von Windsor und Wallis Simpson, die Großherzogin von Luxemburg und ihre Regierung hielten sich während ihrer Flucht in Cascais und Estoril auf. Der einstige Fischerort wurde im Zuge dieser Entwicklungen zum mondänen internationalen Seebad. Tipp: Der Bauernmarkt findet am Mittwochvormittag am Mercado Municipal (Av. 25 de Abril) statt.

Bahnhof ▶ Farol Museu Santa Marta
Vom Bahnhof gibt es verschiedene Wege durch Cascais in Richtung des Leuchtturms Santa Marta und des Museums Casa das Historias Paula Rego, zwei Wegmarken dieses Ausflugs. Eine hübsche Strecke führt vom Bahnhof durch die Travessa da Conceição zum Strand und zur Esplanada Rainha. Von

dort geht es in die Fußgängerzone und durch die Rua da Saudade zum Largo da Misericórdia. Am Hafen führt der Weg zur Zitadelle aus dem 16. Jh., um deren großen Innenhof sich heute ein Museum, Cafés und Geschäfte gruppieren. Von der Zitadelle geht es nach links, am Kulturzentrum von Cascais und am Jachthafen vorbei zum **Farol Museu Santa Marta**.
Der Leuchtturm wurde im Jahr 2007 von dem renommierten Architektenteam Francisco und Manuel Aires Mateus zu einem Museum umgestaltet. Dort werden verschiedene Objekte aus der Geschichte des Leuchtturmwesens gezeigt, darunter diverse Fresnel-Linsen, mit besonderem Fokus auf dem Leuchtturm Santa Marta. Der Besuch lohnt auch wegen der reizvollen Neugestaltung des Museumsbereichs mit seinen zwei Terrassen, klar und maritim mit viel Weiß, das mit dem Blau des Meeres kontrastiert.
Das Café des Leuchtturm-Museums passt sich perfekt in die Architektur des Bauwerks ein und eignet sich ideal für eine ruhige, entspannte Kaffeepause mit Toasts und kleineren Gerichten. Und für Nachtschwärmer öffnet es auch zu später Stunde seine Pforten,

mit Blick auf den Leuchtturm, der dann sein Licht in den Nachthimmel sendet.

Farol Museu Santa Marta ▶

Casa das Historias Paula Rego

Vom Farol Museu Santa Marta geht es hinter dem Farol Design Hotel nach rechts und bei dem Café Jardim da Cerveja quer durch den Park Gandarinha zur **Casa das Historias Paula Rego**. Die dort zusammengetragene Sammlung zeigt das originelle Werk dieser portugiesischen Malerin der Gegenwart. Paula Rego hat die zeitgenössische Kunst mit ihren spröden, sperrigen und eigenwilligen Bildern, bei denen oft Frauen im Mittelpunkt stehen, bereichert.

Die 1935 in Lissabon geborene Malerin lebt seit 1952 in London und hat in wichtigen Museen und Galerien wie der Tate Gallery und Serpentine ausgestellt. Das »Haus der Geschichten« wurde im 2009 eröffnet, in einem Neubau, der kaum weniger originell ist als das Werk darin. Der Architekt Eduar-do Souto de Moura wurde dafür 2011 mit dem Pritzker-Preis ausgezeichnet. Paula Rego hat dem roten Bau mit seinen zwei markanten Türmen einen Großteil ihres Schaffens geschenkt bzw. als Leihgabe zukommen lassen, ebenso Werke ihres 1988 verstorbenen Mannes Victor Willing. Die Bilder werden in wechselnden Ausstellungen mit verschiedenen thematischen Schwerpunkten vorgestellt.

INFORMATIONEN

Farol Museu Santa Marta

Rua do Farol de Santa Marta | Tel. 214 81 53 28 | www.cm-cascais.pt/equipamento/farol-museu-de-santa-marta | Di–Fr 10–17, Sa, So 10–13, 14–17 Uhr | Eintritt frei

Casa das Historias Paula Rego

Av. da República 300 | Tel. 214 82 69 70 | www.casadashistoriaspaularego.com | Sommer tgl. 10–19, Winter tgl. 10–18 Uhr | Eintritt frei

An der Südspitze der kleinen Halbinsel von Cascais (▶ S. 130), 25 km westlich von Lissabon, erhebt sich der Leuchtturm Santa Marta. Der Blick reicht weit auf den offenen Atlantik hinaus.

SINTRAS KÖNIGSSCHLÖSSER ⭐ 9

CHARAKTERISTIK: Ein Ausflug in die Geschichte Portugals. Die ehemalige Königsresidenz imponiert mit prächtiger Architektur und prunkvollem Mobiliar **DAUER:** Tagesausflug **ANFAHRT:** per Zug vom Rossio-Bahnhof (Dauer 40 Min., Ticket 2,15 €), Mo–Fr alle 15 Min., Sa, So alle 30 Min. Bus zum Palácio da Pena: Nr. 434 (tgl. 9–18.30 Uhr), zum Palácio de Monserrate: Nr. 435 (tgl. 9–18.45 Uhr), zum Cabo da Roca: Nr. 403 (tgl. 9–19 Uhr) **EINKEHRTIPP:** Fábrica das Verdadeiras Queijadas de Sintra, authentisches Café mit gutem Gebäck, Volta do Duche 12, Tel. 219230493, Di–So 9–19 Uhr **AUSKUNFT:** Touristeninfo im Bahnhof von Sintra und an der Praça da República Nr. 23, Tel. 219231157, tgl. 9.30–18 Uhr

Sintras besonderer Reiz liegt in der wildromantischen Landschaft der Serra de Sintra. Hier, im mild-feuchten Klima am Atlantik, gedeihen nicht nur Kastanien und Eichen, sondern auch Exoten wie die Baumfarne aus Tasmanien prächtig. Vor allem in den Parks von Monserrate und Pena wurde im 19. Jh. eine Vielzahl an Gehölzen aus aller Welt angepflanzt. Diese Kulturlandschaft aus Schlössern und naturnahen Parks, die 1995 zum Weltkulturerbe der UNESCO erklärt wurde, ist ein Kind der Romantik des 19. Jh. Auch Dichter wie Lord Byron sind der verwunschenen Mittelgebirgslandschaft mit Blick auf den Atlantik, einmal in strahlendes Sonnenlicht getaucht, dann wieder nebelverhangen, erlegen.

Sintras Altstadt **Vila Velha** im Stadtteil São Martinho gehört mit ungefähr 100 Häusern ebenfalls zum UNESCO-Kulturerbe. In den engen Gassen gibt es heute fast ausschließlich Souvenirgeschäfte und überteuerte Cafés. Dennoch wohnen hier noch etwa 400 Menschen. Der Palácio Nacional de Sintra mit seinen zahlreichen Kachelensembles und den markanten Küchenschornsteinen ist einst eine maurische Burg

gewesen, ebenso wie die Festungsanlage oberhalb der Stadt aus dem 9. Jh.

Palácio da Pena

Hier lag seit dem 16. Jh. ein Kloster der Hieronymiten von Belém. Es wurde bei dem Erdbeben 1755 stark beschädigt. Überlebt haben nur der zweistöckige Kreuzgang und die Kapelle mit dem Renaissancealtar von Nicolas Chanterenne. 1838 erwarb Ferdinand von Sachsen-Coburg-Gotha, der zweite Gatte der portugiesischen Königin Maria II., die Reste des Klosters. Er ließ hier von 1842 bis 1854 ein Schloss erbauen, das ein wilder stilistischer Mix von deutscher Romantik, maurischer Architektur, portugiesischer Manuelinik, Elementen der Gotik und des Orients ist.

Palácio de Monserrate

Monserrate ist immer noch ein wenig verwunschen. In dem hügeligen Landschaftspark haben seit Mitte des 19. Jh. mehr als 3000 Pflanzenarten aus aller Welt zusammengefunden, darunter Palmen aus Mexiko, Baumfarne aus Tasmanien oder der Bunya Bunya aus Australien, die hier neben Korkeichen und dem Erdbeerbaum (Medronheiro) gedeihen. Im Frühling blühen die riesigen Rhododendren und Kamelien.

Der romantische Park des Palácio de Monserrate (▶ S. 132) wurde 1793 bis 1799 von dem reichen Engländer William Beckford angelegt und später mit Pflanzen aus aller Welt ausgestattet.

Oben auf einem Hügel erhebt sich das Schlösschen im orientalischen Stil, das im Lauf von Jahrzehnten extrem verfallen war und mit Geldern der Stiftung EEA-Grants restauriert wurde. Mit der Zeit hat Monserrate seine zauberhafte Schönheit aus Tausendundeiner Nacht wiedergewonnen.

Ausflug zum Cabo da Roca

16 km von Sintra entfernt liegt der imposante Fels mit einem Leuchtturm. Es ist der westlichste Punkt des europäischen Kontinents. 140 m fällt an dieser Stelle die Steilküste zum Atlantik ab. Häufig ziehen an dem Ausläufer der

Serra de Sintra heftige Winde durch, im Frühling blüht eine vielfältige Fauna.

INFORMATIONEN

Palácio da Pena

Infos zu sämtlichen Schlössern: www. parquesdesintra.pt | Tel. 219237300 | Sommer tgl. 9.30–20, Palast 9.45–19, Winter tgl. 10–18 Uhr | Eintritt 13,50 €, erm. 11–12,50 €, Kombiticket Pena und Monserrate 17 €

Palácio de Monserrate

Estrada de Monserrate | Sommer tgl. 9.30–20, Winter 10–18 Uhr | Eintritt 7 €

Azulejo-Kunst aus dem 17. Jh. im Garten des Palácio Marquês de Fronteira (▶ S. 106).

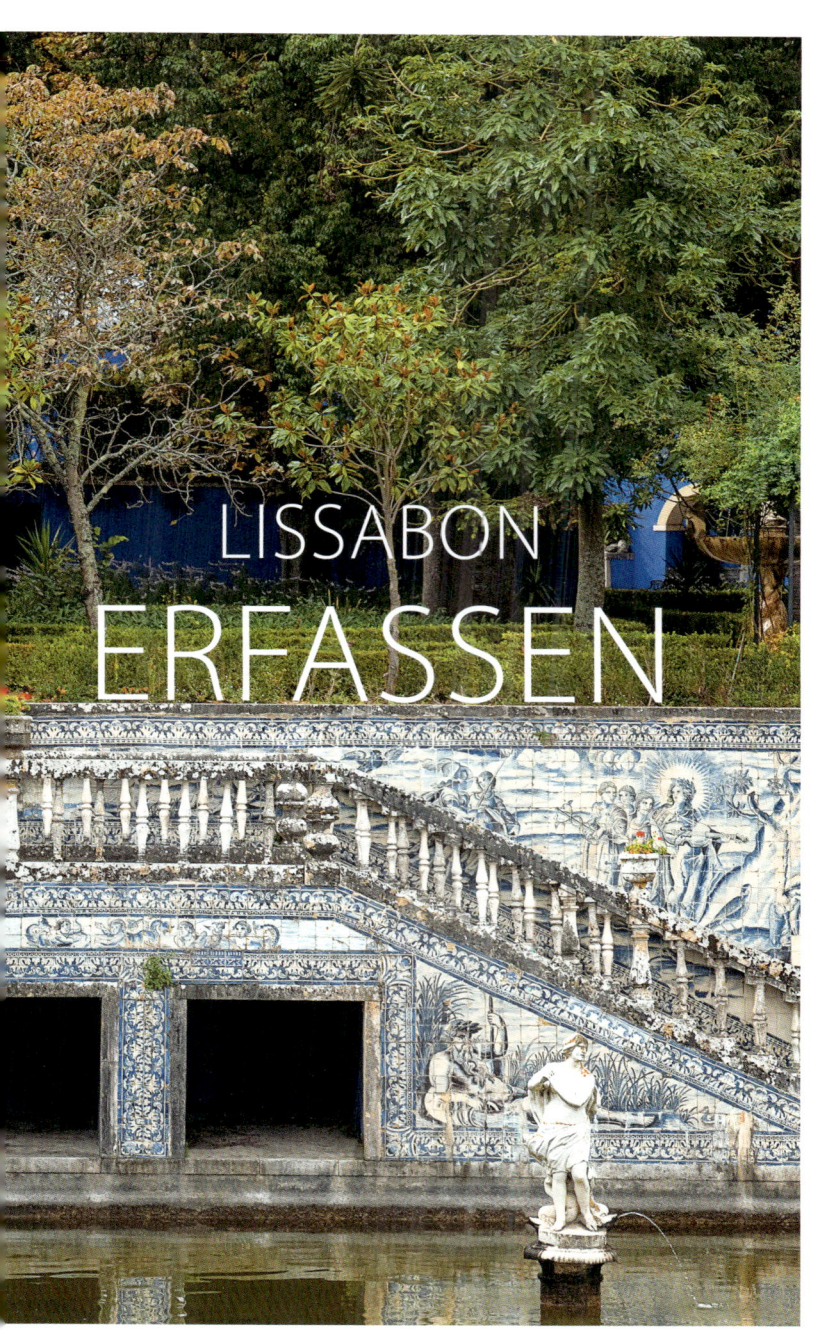

LISSABON
ERFASSEN

AUF EINEN BLICK

Hier erfahren Sie alles, was Sie über die Hauptstadt Portugals wissen müssen – kompakte Informationen über Land und Leute, von Bevölkerung und Sprache über Geografie und Politik bis Religion und Wirtschaft.

BEVÖLKERUNG

Mit rund 6450 Einwohnern pro qkm verfügt die Stadt über eine hohe Bevölkerungsdichte. Allerdings erlebt Lissabon seit den Achtzigerjahren einen dramatischen Bevölkerungsrückgang. Zahlreiche junge Leute wie auch Vertreter des Mittelstands sind weggezogen, denn das Leben in der Hauptstadt erfordert eine erhebliche finanzielle Ausstattung. Zugezogen sind dagegen vor allem Familien mit Doppelverdienern. Insbesondere Wohnraum ist für viele fast unerschwinglich. Derzeit ist

festzustellen: Für jeden neu zugezogenen Bewohner verliert die Stadt zwei weitere. Ein Großteil der Bevölkerung lebt in Siedlungen am Stadtrand, arbeitet aber im Zentrum. Dadurch leidet Lissabon unter massiven Mobilitäts- und Verkehrsproblemen. Sie bestehen fort, auch wenn die Verkehrssysteme in den letzten Jahren eine nicht unwesentliche Modernisierung erfahren haben. Bezeichnend für Lissabon ist mit 23 % auch ein hoher Anteil an Bewohnern, die älter als 65 Jahre sind, nur 13 % sind jünger als 15 Jahre.

◀ Der Bahnhof Estaçao de Oriente (▶ S. 107) trägt die Handschrift von Santiago Calatrava.

LAGE UND GEOGRAFIE

Mehr als 25 % der Portugiesen leben im Großraum Lissabon. Die Stadt liegt in einer Bucht nördlich der Tejo-Mündung. Dort zieht sie sich am Ufer entlang und steigt stufenförmig empor. Täler und mehr oder weniger ausgeprägte Erhebungen kennzeichnen das Stadtbild. Rechnet man die kleineren Anhöhen nicht mit, erstreckt sich Lissabon über sieben Hügel, der höchste erreicht 226 m. Die Lage der Stadt in direkter Nähe zum Meer bringt ein Klima mit sich, das maßgeblich vom Atlantik geprägt wird, d. h. nicht übermäßig heiße Sommer sowie milde Winter.

POLITIK UND VERWALTUNG

Die beiden wichtigsten politischen Gremien sind der Stadtrat (Cámara Municipal) mit 17 und der Gemeinderat (Assembleia Municipal) mit 107 Mitgliedern. Die Vertreter des Stadtrats werden direkt gewählt, der Gemeinderat wird von der Gemeindeversammlung bestimmt. Bürgermeister ist seit 2007 der Sozialist António Luís Santos da Costa. Seit der Kommunalreform von 2013 ist Lissabon in 24 Stadtgemeinden (»freguesias«) gegliedert.

SPRACHE UND RELIGION

Neben ihrer Muttersprache sprechen zahlreiche Portugiesen Englisch als erste Fremdsprache. Die ganz überwiegende Mehrheit der Lissabonner bekennt sich zum römisch-katholischen Glauben. Das erste Bistum wurde bereits im 4. Jh. gegründet. 1716 wurde das Patriarchat von Lissabon eingerichtet.

WIRTSCHAFT

Lissabon gilt als der wohlhabendste Siedlungsraum Portugals. Es dominieren die Dienstleistungsbranchen. Bedeutsam sind außerdem der Seehafen, viele Verwaltungsinstitutionen, Banken, Versicherungen und Handelsfirmen. Fast alle großen Unternehmen Portugals unterhalten eine Repräsentanz in Lissabon. Eine große Rolle spielt auch der Tourismus. Mehr als 10 % der hier tätiger Firmen sind direkt oder indirekt mit dieser Branche verbunden, 2011 besuchten 4,1 Mio. Gäste die Stadt.

Seit der jüngsten Rezession ist in Portugal die Arbeitslosigkeit sprunghaft von 6,8 % (2004) auf 17,7 % (2013) gestiegen. In Lissabon lag sie 2013 bei 19,3 %. Die Kredite der EU-Partnerländer im Zuge der Schuldenkrise sind mit harten Auflagen wie etwa der Privatisierung von Staatsbetrieben verbunden. Zu den Maßnahmen gehörte auch die Anhebung der Mehrwertsteuer für Strom und Gas von 5 % auf 23 %. Von 2010 auf 2011 verdoppelte sich die Zahl der Portugiesen, die ihr Land verließen, auf 44 000. Es sind oft die gut ausgebildeten Menschen, darunter viele junge Akademiker, die eine Perspektive im Ausland suchen, auch in Angola und Brasilien.

AMTSSPRACHE: Portugiesisch
BEVÖLKERUNG: 12 % Ausländer, v. a. aus den ehemaligen Kolonien
EINWOHNER: 548 000
FLÄCHE: 85 qkm
INTERNET: www.cm-lisboa.pt
RELIGION: 81 % Katholiken, 7 % ohne Religionszugehörigkeit
VERWALTUNG: 24 Gemeinden (Juntas de Freguesia)
WÄHRUNG: Euro

GESCHICHTE

Die Geschichte Portugals und seiner Kapitale war stets ein Auf und Ab wie die Bewegung der Wellen des Ozeans. Lissabon, das im 16. Jh. Hauptstadt eines Weltreiches wurde, ist heute nur noch die an Atmosphäre reiche Metropole eines kleinen Landes am Atlantik.

137 v. Chr. »Felicitas Julia Olisipo«

Lissabon ist eine der ältesten Städte Europas und erhält schon unter Kaiser Augustus das römische Stadtrecht. Die Römer, die ab 137 v. Chr. hier siedeln, nennen den Ort **Olisipo**. Zahlreiche Spuren ihrer Kultur haben sich erhalten, darunter die Galerien unter der Rua da Prata und das römische Theater von 57 n. Chr. 498 fällt Olisipo an die Westgoten. 714 erobern die Mauren Lissabon. Die Stadt, die jetzt **Al Ushbuna** heißt, wird von ihnen zu neuer Blüte gebracht: Zitrus- und Mandelbäume kommen nach Portugal, und ausgeklügelte Bewässerungssysteme werden angelegt. Nach monatelanger Belagerung erobert 1147 ein Kreuzritterheer unter König **Afonso Henriques** die Burg in der Alfama. 1256 wird Lissabon Hauptstadt Portugals. Juden und Mauren bekommen eigene Bezirke zugewiesen.

1497 Zwangskonversion, Pogrome und Inquisition

1497 endet unter König **Manuel I.** die Zeit der religiösen Toleranz, und die Konversion der Juden zur katholischen Kirche wird erzwungen. Sie werden Neuchristen genannt und stehen später im Fokus der **Inquisition**, die 1536 beginnt. Viele Juden und Muslime verlassen Portugal. 1506 findet in Lissabon auf dem Largo São Domingos ein Pogrom gegen die jüdische Bevölkerung statt, bei dem ungefähr 2000 Menschen

205 v. Chr.

Lissabon gerät unter römische Herrschaft. Als Olisipo erhält es 48 v. Chr. unter Kaiser Augustus Stadtrecht.

717

Lissabon wird von den Mauren erobert und Teil des Emirats von Córdoba. Die Stadt entwickelt sich zu einem wichtigen Hafen der Region.

468 n. Chr.

Die Stadt fällt im Zuge der Völkerwanderung an die Sueben, später beherrschen die Westgoten die Region.

1147

Nach mehreren Anläufen gelingt es Alfons I. mithilfe eines Kreuzritterheers, die Hafenstadt zu besetzen und zu halten.

den Tod finden. Erst 1821 wird die Inquisition abgeschafft. Die Sklaverei wird in Portugal 1761 unter dem Marquis de Pombal verboten, in den Kolonien aber noch bis 1869 praktiziert.

1498 Vasco da Gama findet den Seeweg nach Indien

Auf der Suche nach dem Seeweg nach Indien tasten sich die Portugiesen im Lauf des 15. Jh. entlang der Küste Afrikas immer weiter nach Süden vor. 1498 gelangt **Vasco da Gama** tatsächlich nach Indien. Die Portugiesen bringen den **Gewürzhandel** unter ihre Kontrolle, bedienen sich am Gold Guinea-Bissaus und verkaufen Afrikaner als Sklaven. 1500 kolonisieren sie Brasilien.

Portugal erlebt eine Blütezeit, kulturell wie materiell. Lissabon wird für einige Jahrzehnte zu einer der reichsten Städte der Welt. Das Hieronymuskloster und die Torre de Belém werden errichtet. Doch der Gewürzhandel wird schon im 16. Jh. wieder über die traditionellen Handelsrouten abgewickelt, und Portugal verliert im 17. Jh. einen bedeutenden Teil seiner Kolonien in Asien.

1755 Das schwerste Erdbeben in der Geschichte Europas

Eigentlich ist Portugal weniger erdbebengefährdet als z. B. der östliche Mittelmeerraum. Dennoch ereignet sich hier am 1. November 1755 das schwerste **Beben**, das jemals in Europa registriert wurde. Es zerstört weite Teile Lissabons, darunter den Königspalast am Terreiro do Paço, das Krankenhaus Todos os Santos an der Stelle der heutigen Praça da Figueira, die Oper am Tejo, zahlreiche Kirchen und Klöster sowie nahezu die gesamte Baixa. In der Intensität ist es mit dem Beben im März 2011 in Japan vergleichbar. Zudem gibt es einen Tsunami, auch im Tejo. Tagelange Brände führen zu weiteren Schäden.

Die Baixa wird daraufhin komplett neu angelegt, ebenso der Terreiro do Paço, der seither Fraça do Comércio heißt. Den Wiederaufbau leitet der **Marquis de Pombal** (1699–1782), der auch zum Modernisierer der Gesellschaft und Wirtschaft werden sollte. Nach dem Tod des Regenten José I. 1777 wird der Marquis entmachtet, und viele seiner Reformen werden zurückgenommen.

1499 Die Stadtbevölkerung beschert Vasco da Gama nach seiner ersten Indienreise einen triumphalen Empfang. Lissabon entwickelt sich zum Zentrum des Welthandels.

1506 Pogrome gegen die jüdische Bevölkerung fordern mehrere Tausend Todesopfer.

1755 Lissabon wird von einem starken Erdbeben sowie einem Tsunami heimgesucht, ca. 60 000 Menschen sterben.

19. Jh. Das bewegte Jahrhundert

Das 19. Jh. bringt große Veränderungen. Im November 1807 besetzen Truppen **Napoleons** unter Führung von General Junot das Land, werden aber 1808 von der englischen Armee geschlagen. 1822 erklärt sich Brasilien für unabhängig. Die Liberalen gewinnen 1834 den mehrjährigen Bürgerkrieg gegen den absolutistischen Herrscher Miguel. Es folgt eine radikale **Säkularisierung**. Religiöse Orden werden verboten, ihr Besitz inklusive der Klöster fällt an den Staat. Portugiesen handeln im 19. Jh. mit brasilianischen Produkten wie Tabak, Edelhölzern, Kaffee, Kautschuk und Juwelen und legen ihr Vermögen oft auch im Land an. Es kommt zu einer Blüte und ersten **Industrialisierung**. Neue Stadtparks werden gestaltet, das charakteristische schwarz-weiße Pflaster ziert die neuen Bürgersteige, Gasbeleuchtung erhellt das nächtliche Lissabon. Mit der Industrialisierung kommen viele Menschen vom Land in die Stadt. Sie benötigen Wohnraum, und die ersten Arbeitersiedlungen entstehen, drei davon im Stadtteil Graça.

1910 Ende der Monarchie

Portugals Monarchie endet gewaltsam am 5. Oktober 1910. Die **Republik** wird ausgerufen, doch sie ist ein fragiles Gebilde mit vielen Demonstrationen, Putschen, Bombenanschlägen, Attentaten. Mit dem Militärputsch am 28. Mai 1926 beginnt die Diktatur. Im Juli 1932 wird **Antonio Oliveira Salazar** (1889–1970) Ministerpräsident. Eine der ersten Maßnahmen zur Schaffung des von ihm propagierten »Estado Novo« ist die Gründung der Staatsschutzpolizei PUDE im August 1933 nach dem Vorbild der Gestapo. Sondergerichte und Spezialgefängnisse werden geschaffen. Portugal kann es geschickt verhindern, militärisch in den Zweiten Weltkrieg hineingezogen zu werden. Das Land liefert den Deutschen das Schwermetall Wolfram für die Rüstungsindustrie und öffnet später den Alliierten seine Landebasen auf den Azoren. In den 1960er-Jahren wird Portugal zum Armenhaus Westeuropas. Es stützt sich weitgehend auf den Rohstoffreichtum der Kolonien und ist immer noch ein Agrarland mit wenig Tourismus und Industrie.

1807
Napoleons Truppen besetzen die Stadt. Die Königsfamilie flieht mitsamt ihrem Hofstaat nach Brasilien.

1910
Vom Balkon des Rathauses von Lissabon wird die erste portugiesische Republik ausgerufen.

1926
Ein Militärputsch bereitet der Republik ein Ende. Vier Jahre später wird António Salazar Staatsführer und begründet die Diktatur des »Estado Novo« (Neuer Staat).

1974 Nelkenrevolution

Seit 1961 kämpfen Unabhängigkeitsbewegungen in Angola, Guinea-Bissau und Mosambik gegen die Kolonialmacht, die sich der Entkolonialisierung verweigert und den Konflikt militärisch zu lösen sucht. Am 25. April 1974 wird die Diktatur durch einen linken **Militärputsch** unblutig gestürzt. Als Nelkenrevolution geht der Aufstand in die Geschichte ein. Die Soldaten, die vom Volk wie Befreier empfangen und gefeiert werden, schmücken ihre Gewehre mit roten Nelken. Die Kolonialzeit Portugals endet, aus den Kolonien kommen rund 1 Mio. Menschen ins Mutterland, darunter viele Schwarze.

Die Zeit unmittelbar nach der Revolution ist ein euphorischer Aufbruch mit sozialistischen Visionen. Doch die Bedingungen der jungen **Demokratie** sind schwierig: Über allem lastet der Schatten des Kalten Kriegs, es gibt massive Bildungsdefizite, die Armut ist groß, Landwirtschaft und Industrie sind rückständig, und eine unabhängige Justiz bildet sich erst. Von der ambitionierten Landreform ist nur wenig geblieben.

1986 Portugals Weg nach Europa

Der **EG-Beitritt** 1986 bedeutet für Portugal weit mehr als nur den Zugang zu den reich gefüllten Töpfen der Struktur- und Kohäsionsfonds. Portugal versteht sich seither stärker als Teil Europas, wo es sich zuvor eher durch das historisch gewachsene Imperium mit Brasilien und den portugiesischsprachigen Kulturen Afrikas definiert hat. Lissabon bleibt eine Stadt, in der sich diese Kulturen nach wie vor begegnen. 1992 übernimmt Portugal die EU-Ratspräsidentschaft. Das zu diesem Anlass gebaute riesige Tagungsgelände wird ein Jahr später zum Kulturzentrum Centro Cultural de Belém umgebaut.

Aufschwung und Wachstum sind allerdings nicht nachhaltig. Im Mai 2011 gewährt die »Troika« Portugal gegen Auflagen einen Kredit von 78 Mrd. €. Am 27. November 2011 wird der **Fado** von der UNESCO zum immateriellen Weltkulturerbe der Menschheit erklärt. Lissabon feiert, und das kleine Land erlebt eine Würdigung seiner genuinen Kultur in der schweren Zeit der wirtschaftlichen und finanziellen Krise.

Die Ponte 25 de Abril wird eröffnet. Die 2,2 km lange Brücke über den Tejo ähnelt der berühmten Golden Gate Bridge in San Francisco.

Die Weltausstellung Expo findet in Lissabon statt, in deren Zuge zahlreiche Infrastrukturprogramme umgesetzt werden.

1998

1966

1975

Die sogenannte Nelkenrevolution stürzt die Militärdiktatur. Im gleichen Jahr verliert Portugal seine Kolonien.

2007

Beim Lissabonner EU-Gipfel einigen sich die Staats- und Regierungschefs auf den Text des »Vertrags von Lissabon«.

Im Fokus
Fluchtpunkt Lissabon

Im Zweiten Weltkrieg wurde Lissabon zum wichtigsten Transitort für Flüchtlinge auf dem Weg nach Amerika. Doch die Flüchtlingspolitik Salazars war ambivalent. Entschieden auf die Seite der Verfolgten stellte sich aber der portugiesische Konsul in Bordeaux.

Im Roman »Nachtzug nach Lissabon« lässt Pascal Mercier seinen Protagonisten Gregorius im gepflegten Nachtzug von Basel nach Lissabon reisen. Jahrzehnte zuvor kamen Zehntausende Menschen aus allen Teilen des europäischen Kontinents, vereinzelt per Auto, viele mit der Eisenbahn, einige wenige gar zu Fuß, nach Lissabon. Sie alle waren auf der Flucht – ein Wort, das kaum die Tragik, die Verzweiflung, die Strapazen, die Angst wiedergeben kann, die viele auf einem langen, ungewissen Weg durch halb Europa erlebten. Sie waren auf der Flucht vor den Nationalsozialisten, vor der Deportation in die Konzentrationslager. Vor allem ab dem Frühsommer 1940, nachdem deutsche Truppen Paris und Nordfrankreich besetzt hatten und im Süden des Landes das Vichy-Regime mit den Nationalsozialisten kollaborierte, verschärfte sich die Situation. Tausende Verfolgte, die zuvor in Frankreich, besonders in Paris, Schutz gesucht hatten, wurden in Lager gesperrt, wo sie unter erbärmlichsten Bedingungen vegetierten. Juden, Künstler, Wissenschaftler, Kommunisten und Kritiker des

◄ Jüdische Emigranten warten in Lissabon
auf die Abfahrt eines Schiffes in die USA.

Nationalsozialismus schlugen sich nach Portugal durch, viele von ihnen nach Lissabon. Von hier fuhren die Schiffe nach Nord- und Südamerika.

AUCH HANNAH ARENDT FLOH ÜBER LISSABON

Lissabon war die Hoffnung für mehr als 100 000 namhafte wie namenlose Menschen. Zu den berühmten Emigranten, die hier an Bord eines Überseeschiffs gingen, gehören Alma Mahler und Franz Werfel, Alfred Döblin, Bella und Marc Chagall, Lion Feuchtwanger, Erika, Golo und Heinrich Mann, Hannah Arendt und Heinrich Blücher sowie Max Ernst, der von Peggy Guggenheim begleitet wurde. Die bedeutende jüdische Philosophin Hannah Arendt lebte mit ihrem Mann von Januar bis Mai 1941 in Lissabon, in der Rua Sociedade Farmaceutica Nr. 6 a.

Die Reichen und Prominenten bekamen zumeist rasch Visa und Schiffstickets und wohnten oft in den eleganten Hotels im damals mondänen Badeort Estoril. Die meisten Flüchtlinge aber verbrachten lange, angstvolle Monate des Wartens in Lissabon, sich geduldend auf Einreisevisa, auf Schiffstickets, auf Nachrichten von Freunden oder Familienangehörigen, auf Geldanweisungen. Sie waren in Sicherheit, aber zugleich Transitreisende mit gepackten Koffern. Von diesem Fluchtpunkt Lissabon erzählt Erich Maria Remarques Roman »Die Nacht von Lissabon«.

Der Höhepunkt des Flüchtlingsstroms lag zwischen dem Sommer 1940 und dem Sommer 1941. Um die 40 000 Emigranten aus ganz Europa befanden sich damals in Portugal, allein 14 000 davon in Lissabon und in den Küstenorten Estoril und Cascais. Portugal bot während des Zweiten Weltkriegs ein bizarres, schillerndes Bild. Das Land lavierte zwischen den unterschiedlichsten Interessen – scheinbar allen zu Diensten, auch wenn Premierminister António de Oliveira Salazar, seit Juli 1932 Regierungschef der Militärdiktatur, stets die Neutralität des Landes betonte. In Lissabon trafen deutsche und britische Spione aufeinander. Portugal belieferte die deutsche Rüstungsindustrie mit dem Schwermetall Wolfram und wurde dafür mit Gold entlohnt, jenem Nazigold, das noch heute in den Tresoren der Bank von Portugal liegt. Bereits seit 1933 gab es eine enge Zusammenarbeit zwischen dem portugiesischen Staatssicherheitsdienst und der Gestapo. Die Sympathie Salazars mit dem nationalsozialistischen Regime ging so weit, dass er 1945 nach dem Bekanntwerden von Hitlers Suizid Staatstrauer anordnete.

Die Flüchtlinge wurden als Durchreisende wahrgenommen. Hotels und Pensionen in Lissabon waren 1940 und 1941 ausgebucht, Restaurants und Cafés in der Baixa bestens frequentiert. Schiffstickets wurden oft zu horrenden Preisen auf dem Schwarzmarkt angeboten. Dem Regime allerdings gefiel es gar nicht, dass die oft weltgewandten Flüchtlinge aus Paris, Berlin, Wien und anderen Metropolen auch einen Hauch Dekadenz, individueller Freiheit und politischer Opposition mit nach Portugal brachten. Frauen, die im Badeanzug im Atlantik badeten, in den Cafés saßen, die damals eine Männerdomäne waren, und rauchten – das passte so ganz und gar nicht zum Frauenbild der Diktatur Salazars.

In Lissabon hingen die Flüchtlinge am Tropf vor allem jüdischer Hilfsorganisationen, die aus den USA kamen und von dort mit großzügigsten Spenden unterstützt wurden. Sie versorgten die Flüchtlinge mit Geld, suchten Unterkünfte, organisierten Suppenküchen und halfen, Schiffstickets und Visa zu organisieren. Eine der wichtigsten Organisationen war HICEM, die seit September 1939 Büros in ganz Europa unterhielt, mit Hauptsitz in Paris, der nach dem Einmarsch der deutschen Truppen nach Lissabon verlegt wurde. Zudem gab es in Lissabon eine kleine jüdische Gemeinde, die hier 1902 in der Avenida Alexandre Herculano erstmals nach mehr als 400 Jahren wieder eine Synagoge baute. Auch sie half bei der Versorgung der Flüchtlinge.

Salazars Flüchtlingspolitik war widersprüchlich. So schreibt der Publizist Maximilian Scheer, der selbst über Lissabon ins Exil ging, in seinem Tagebuch Anfang März 1941: »Bekannte – und alle ihre Freunde – hat die Polizei aufgefordert, Portugal binnen dreißig Tagen zu verlassen. Nach dieser Frist ist Verhaftung angedroht. Einige Wartende sind in den letzten Tagen bereits verhaftet worden. Verzweifelte Gesichter, Gespräche voller Ausweglosigkeit.« Im März 1941 wurde Hunderten jüdischer Flüchtlinge aus Luxemburg an der Grenze zu Portugal die Einreise verweigert. Sie wurden per Zug bis nach Frankreich zurückgebracht. Die meisten von ihnen starben im Konzentrationslager Treblinka.

EIN KONSUL, DER SALAZAR WIDERSTAND

Eine ganz und gar herausragende Rolle spielte im Frühsommer 1940 der portugiesische Generalkonsul von Bordeaux, Aristides de Sousa Mendes (1885–1954). In der Woche vom 17. bis 23. Juni 1940 unterzeichnete er Tausende Visa für Portugal und verteilte sie an die Flüchtlinge in Bordeaux, Hendaye und Bayonne. Schon zuvor hatte er gegen eine Anordnung Salazars verstoßen und eigenmächtig Visa an Flüchtlinge ausgestellt. Er war deswegen bereits ermahnt worden. Doch Aristides de Sousa Mendes entschied sich für das, was ihm dringlicher und wichtiger erschien: Menschenleben zu retten. Der mutige Konsul soll um die 30 000 Transitvisa für Portugal ausgestellt haben, unabhängig davon, wer die Flüchtlinge waren und weshalb sie zur Flucht gezwungen waren. Damit setzte er sich deutlich über Salazars Dekret vom November 1939 hinweg, wonach an Ausländer mit unklarer Nationalität, an Staatenlose und an Juden, die aus ihren Herkunftsländern vertrieben worden waren, ohne vorherige Zustimmung Salazars, der Regierungschef und Außenminister in einer Person war, keine Visa für Portugal ausgestellt werden durften. Salazar zitierte de Sousa Mendes am 24. Juni 1940 zurück nach Portugal und statuierte an dem unbeugsamen Konsul ein Exempel. Der Diplomatenstatus wurde ihm aberkannt, er durfte nicht mehr als Anwalt praktizieren und war, nachdem sein Vermögen aufgezehrt war, mit seiner Frau und der kinderreichen Familie auf die Hilfe der jüdischen Organisationen angewiesen, deren Suppenküchen auch er nur aufsuchen musste, so wie viele Tausende andere Flüchtlinge. Auch die Söhne des Konsuls fanden in Portugal keine Anstellung mehr.

EIN »GERECHTER UNTER DEN VÖLKERN«

1952 erlitt Aristides de Sousa Mendes einen Schlaganfall und war von da an halbseitig gelähmt. Er starb 1954 im Alter von 69 Jahren in einem Lissabonner Krankenhaus, verarmt und geächtet. In Yad Vashem wird er seit 1966 als einer der »Gerechten der Völker« gewürdigt. In Portugal wurde der beherzte Diplomat erst 1988 rehabilitiert. Man tat sich auch in demokratischen Zeiten noch schwer mit ihm, weil man, nach wie vor, an seinem zivilen Ungehorsam Anstoß nahm. Der Historiker Yehuda Bauer schreibt in seinem Buch »Die Geschichte des Holocaust« über die Leistung des portugiesischen Konsuls: »Es war vielleicht die größte Rettungsaktion eines Einzelnen während des gesamten Holocaust.«

Spurensuche in Lissabon: Einer der wichtigsten Treffpunkte der Flüchtlinge war das Café Chave d'Ouro am Rossio, das es nicht mehr gibt. Aber das Nicola und die Pastelaria Suiça mit ihren Terrassen sind noch dort, ebenso das Hotel Metropole. Im feinen Avenida Palace dagegen trafen die Geheimagenten aus den USA, Großbritannien und Deutschland aufeinander. Das Hotel soll im vierten Stock einen geheimen Verbindungsgang zum Rossio-Bahnhof gehabt haben. Im Eingang der Metrostation Parque erinnert eine Installation an Aristides de Sousa Mendes, und in ganz Portugal sind inzwischen Straßen und Schulen nach ihm benannt.

KULINARISCHES LEXIKON

A

à brasa – vom Holzkohlegrill
abacate – Avocado
açucar – Zucker
água mineral (com/sem gás) – Mineralwasser (mit/ohne Kohlensäure)
aguardente – Branntwein
alcachofras – Artischocken
alho – Knoblauch
arroz – Reis
assado – Braten
atum – Thunfisch
aves – Geflügel
azeite – Olivenöl
azeitonas – Oliven

B

bacalhau – Stockfisch
batatas – Kartoffeln
bebidas – Getränke
bife – Steak
bolo – Kuchen
borrego – Lamm

C

cabrito – Zicklein
caça – Wild
café com leite – Milchkaffee
café, bica, cimbalino, espresso – Espresso
caldeirada – Fischeintopf
caldo verde – grüne Kohlsuppe
camarões – Krabben
carne – Fleisch
cebola – Zwiebel
cerveja – Bier
– branca – helles Bier
– preta – dunkles Bier
– de barril – vom Fass

chá – Tee
cordorniz – Wachtel
coelho – Kaninchen
colher – Löffel
cordeiro – Lamm
cozido – gekocht
crustáceos – Krustentiere

E

ementa – Speisekarte
escalope – Schnitzel
espadarte – Schwertfisch
espinafre – Spinat

F

feijoada – Bohneneintopf mit Fleisch
fiambre – Schinken (gekocht)
figado – Leber
frango – Hähnchen
frito – gebraten
fumado – geräuchert

G

galinha – Huhn
gambas – Krabben
ganso – Gans
garfo – Gabel
gelado – Eis
– com chantili – mit Sahne
grelhado – gegrillt

J

jardineira – Eintopf mit Kalbfleisch

L

lagosta – Languste
laranja – Orange
lebre – Hase
legumes – Gemüse

leitão – Spanferkel
leite – Milch
limonada – Zitronenlimonade
linguado – Seezunge
lombo – Rinderfilet
lula – Tintenfisch

M

maçã – Apfel
mal passado – medium
manteiga – Butter
mariscos – Krustentiere
mel – Honig
melancia – Wassermelone

O

omelete – Omelett
ovo – Ei

P

pão – Brot
– integral – Vollkornbrot
– meado – Mischbrot
– oscuro – Schwarzbrot
pato – Ente
peixe – Fisch
pequeno almoço – Frühstück
pêra – Birne
pescada – Schellfisch
pescadinha – Weißling
picado – gehackt
pimenta – Pfeffer
pimento – Paprika
porco – Schwein
prato – Teller
pratos de carne – Fleischgerichte
– de peixe – Fischgerichte
presunto – Schinken (geräuchert)
pudím – Pudding
– flan – Karamellpudding

Q

queijo – Käse

R

recheado – gefüllt
recibo, factura – Quittung
reclamação – Beschwerde
rosbife – Roastbeef

S

sal – Salz
sala de jantar – Speisesaal
salada – Salat
salmão – Lachs
salsicha – Wurst
sardinha – Sardine
serviço – Bedienung
sobremesa – Nachtisch
sopa – Suppe
sorvete – Fruchteis
sumo – Saft
– de maçã – Apfelsaft

T

talher – Besteck
tangerina – Mandarine
tarte – Torte
tomilho – Thymian
tangerina – Mandarine
torrada – dicke, getoastete Weißbrot-
   scheiben mit Butter
truta – Forelle

U

uvas – Weintrauben

V

vaca – Rind
– assada – Rinderbraten
– estufada – Schmorbraten
vinho – Wein
– branco – Weißwein
– maduro – »reifer Wein«
– tinto – Rotwein
– verde – junger, prickelnder Wein
vitela – Kalb

SERVICE

Anreise und Ankunft
MIT DEM FLUGZEUG

Lissabon liegt etwa 1960 km Luftlinie von Frankfurt am Main entfernt. Die Flugzeit ab Frankfurt beträgt ungefähr drei Stunden. Direktflüge nach Lissabon bieten die Lufthansa und vor allem die staatliche portugiesische Fluggesellschaft TAP (www.flytap.com) an. TAP hat u. a. täglich Direktflüge von Düsseldorf, Genf, Wien und Zürich.

Der Flughafen **Portela** liegt etwa 12 km außerhalb des Zentrums im Nordosten Lissabons. Von dort fährt der »Aerobus« (Tageskarte 3,50 €) über die Av. da Liberdade, Rossio und Praça do Comércio zum Cais do Sodré (von 7–23 Uhr, alle 30 Min.). Das Ticket gilt 24 Std. für alle Transporte von Carris (▶ S. 153). Eine Taxifahrt ins Zentrum kostet ca. 12 €. 2011 wurde die Metro am Flughafen (Aeroporto) eröffnet. Es ist die »rote Linie« nach São Sebastiao. Auf www.atmosfair.de und www. myclimate.org kann jeder Passagier für Klimaschutzprojekte spenden. TAP bietet bei Buchungen online einen Emissionsausgleich an, der einen Beitrag für ein nachhaltiges Energieprojekt leisten soll.

Auskunft
IN DEUTSCHLAND, ÖSTERREICH UND DER SCHWEIZ

http://www.visitportugal.com/Cultures/de-DE/default.html

IN LISSABON
Turismo de Lisboa/Ask me Lisboa
www.askmelisboa.com

– Lisboa Welcome Center | Baixa | Praça do Comércio | Metro: Terreiro do Paço | Tel. 210 312 810 | tgl. 9–20 Uhr ⚓ 5
– Aeroporto de Portela de Sacavém, Ankunftshalle | Tel. 218 45 06 60 | tgl. 7–24 Uhr ⚓ **nördl. F/E 1**

Buchtipps

Bettina Winterfeld: MERIAN *porträts* **Lissabon. Eine Stadt in Biographien** (TRAVEL HOUSE MEDIA GmbH 2012). 20 ausgewählte Biographien zeichnen ein lebendiges historisches wie auch aktuelles Bild der Stadt. Die Porträts werden durch Adressen ergänzt, die eine Stadterkundung auf den Spuren der beschriebenen Personen ermöglichen. **Curt Meyer Clason: Portugiesische Tagebücher** (A1 Verlag 1997) Spannende Hintergründe aus der Spätphase der Diktatur. Meyer Clason leitete 1969 bis 1975 das Goethe-Institut Lissabon und unterstützte mutig die intellektuelle Opposition. **Antonio Tabucchi: Erklärt Pereira** (Hanser 1995) Der 2012 verstorbene italienische Schriftsteller hatte eine innige Beziehung zu Lissabon und war mit einer Portugiesin verheiratet. »Erklärt Pereira« ist sein großes Werk über zivilen Widerstand im Portugal der späten 1930er-Jahre. **Antonio Tabucchi: Lissabonner Requiem** (Hanser 1994) Tabucchis Streifzug durch Lissabon und seine Verabredung mit dem unsterblichen Dichter Pessoa an einem heißen Sommertag ist ein sinnliches wie auch intellektuelles Vergnügen. **Gaby Wurster (Hg.): Lissabon – eine literarische Einladung** (Wagenbach 2010) Ein Mosaik Lissabons, zu dem viele bekannte und unbekannte Literaten kleine, originelle und hintergründige Facetten beisteuern – bunt und vielgestaltig.

Diplomatische Vertretungen

Botschaft der Bundesrepublik Deutschland F, G 3

Anjos | Campo dos Mártires da Pátria 38 | Metro: Avenida | Tel. 21 8 81 02 10 (Mo–Do 7.30–16.45, Fr 7.45–13.45 Uhr), Notfallhandy der Botschaft: 9 65 80 80 92 | www.lissabon.diplo.de/Vertretung/lissabon/de/Startseite.html | Mo–Fr 9–12 Uhr

Botschaft der Republik Österreich
C 5

Lapa | Av. Infante Santo 43/4 | Bahnhof: Alcântara | Tel. 21 3 94 39 00 | www.bmeia.gv.at/botschaft/lissabon.html | Mo–Fr 9.30–13 Uhr

Schweizer Botschaft D 4

Campo de Ourique | Travessa do Jardim 17 | Metro: Rato | Tel. 21 3 94 40 90 | www.eda.admin.ch/eda/de/home/reps/eur/vprt/emblis.html | Mo–Fr 9–12 Uhr

Feiertage

1. Januar Neujahr
Karfreitag
25. April Dia da Liberdade (Nelkenrevolution 1974)

1. Mai Tag der Arbeit
Fronleichnam
10. Juni Nationalfeiertag
13. Juni Dia de Santo António (Tag des hl. Antonius)
15. August Mariä Himmelfahrt
5. Oktober Dia da República (Sturz der Monarchie 1910)
1. November Allerheiligen
1. Dezember Dia da Restauração (Unabhängigkeit von Spanien 1640)
8. Dezember Unbefleckte Empfängnis
25. Dezember Erster Weihnachtstag

Geld

Banken sind von 9 bis 15.30 Uhr geöffnet. Die Bankautomaten heißen ›multibanco‹ und sind an den Filialen außen durch ein MB-Symbol zu erkennen. Kreditkarten sind obligatorisch, um Leihwagen zu mieten. In den Pensionen, Gästehäusern und auch in Restaurants werden sie allerdings nicht immer als Zahlungsmittel akzeptiert.

Links und Apps

LINKS

www.agendalx.pt
Kulturprogramm der Stadt Lissabon (nur Portugiesisch).

www.arqueolojista.com
Mami Pereira ist eine Schatzsucherin in Lissabon. Das Resultat: eine Website mit tollen Fotografien der alten Geschäfte, Cafés und Handwerker in Lissabon – eine Art Liebeserklärung.

www.bilheteiraonline.pt
Online-Ticketverkauf für Events und Kulturveranstaltungen.

http://en.lifecooler.com
Zahlreiche aktuelle Informationen zu Restaurants, Hotels, Kultur in Portugal und Lissabon (Englisch).

www.golisbon.com/blog
Aktuelle Tipps und Infos von Insidern rund um Lissabon und seine Gastronomieszene (Englisch).
www.ipma.pt
Der staatliche portugiesische Wetterdienst mit 10-Tage-Vorschau und UV-Intensität (Portugiesisch und Englisch).
http://lisboaimages.com
Lissabon in Bildern – persönliche Momentaufnahmen der Stadt.
www.lisbonlux.com
Informative Website zu Restaurants, Events, Ausgehen, Wellness, Kacheln, Fado (Portugiesisch und Englisch).
www.visitlisboa.com
Website der Touristeninformation mit aktuellen Informationen zu ausgewählten Kulturveranstaltungen und Lissabon als Reiseziel (Deutsch).
www.visitar-lisbon.com
Vielfältige Informationen für Urlauber über Lissabon (Englisch).

APPS
EatOut Lisboa
Eine App, um angesagte Restaurants in Lissabon zu finden: http://eatoutapp.com/index.en.html.
Für iOS und Android | gratis

LisboaCard

Sie kostet: 18,50 € (1 Tag), 31 € (2 Tage), 39 € (3 Tage) für einen Erwachsenen (inkl. zwei Kinder bis fünf Jahre). Die Benutzung von Metro, Bussen, Straßenbahnen sowie auch der Züge nach Cascais und Sintra ist damit frei, ebenso der Eintritt in 25 Museen und Monumente. Des Weiteren gibt es Ermäßigungen, z. B. für das Castelo São Jorge. Erhältlich in den Touristeninformationen von Ask me Lisboa (▶ S. 148).

Medizinische Versorgung
KRANKENVERSICHERUNG

Die Vorlage einer Europäischen Krankenversicherungskarte (EHIC) ist ausreichend. Als zusätzlicher Versicherungsschutz empfiehlt sich aber der Abschluss einer Auslandskrankenversicherung, da diese Krankenrücktransporte mitversichert.

KRANKENHAUS
Hospital de São José   G 4
Anjos | Rua José António Serrano | Metro: Martim Moniz | Tel. 218 84 10 00

Deutschsprachige Ärzte
Eine Übersicht hält die Deutsche Botschaft bereit:
www.lissabon.diplo.de/content
blob/404106/Daten/3420488/DLD_Med_
Versorgung_Raum_Lissabon.pdf

Deutschsprachiger Allgemeinmediziner im Zentrum   E 3
Dr. Friedrich Schubeius | Rua Alexandre Herculano 17-1º ESQ | Metro: Marques de Pombal | Tel. 213 57 28 73

APOTHEKEN
Apotheken sind in der Regel von Mo bis Fr von 9 bis 19, Sa 9 bis 13 Uhr geöffnet, einige auch länger.

Apotheke mit homöopathischen Heilmitteln   G 5
Baixa | Rua Santa Justa 8 | Metro: Rossio | Tel. 218 85 53 33

Farmácia Holon   nördl. C 1
Campo Grande | im Untergeschoss des ZON-Gebäudes | Campo Grande 414-B | Metro: Campo Grande | Tel. 216 00 83 71 | 24-Std.-Service

Nebenkosten

1 »bica« (Espresso)	0,70 €
1 Bier	1,50 €
1 Cola	1,20 €
1 Brot (ca. 500 g)	1,10 €
1 Schachtel Zigaretten	4,20 €
Bus (Einzelfahrt)	1,80 €
1 Liter Benzin	1,50 €
Mietwagen/Tag	ab 20,00 €

Notruf

Polizei, Feuerwehr, Rettungsdienst
Tel. 112

Post

Postämter, »correios«, erkennt man an einem roten, hornblasenden Reiter. Briefmarken können Sie bei allen Postämtern oder in Läden mit dem Aushang »CTT Selos« kaufen. Eine Postkarte nach Mitteleuropa kostet 0,70 €. Die Hauptpost befindet sich an der Praça dos Restauradores Nr. 58, gegenüber dem Turismo-Büro (Mo–Fr 8–22, Sa, So 9–18 Uhr). Wichtig: In Apotheken und Postämtern muss man eine Marke mit einer Nummer ziehen. Die Nummer wird dann aufgerufen.

Reisedokumente

Deutsche, Österreicher und Schweizer können mit einem gültigen Reisepass oder Personalausweis (Identitätskarte) einreisen. Kinder unter 16 Jahren benötigen ein eigenes Ausweisdokument.

Reiseknigge

Fado: »Silêncio que se vai cantar o Fado«, das bedeutet schlicht: »Stille, wenn der Fado gesungen wird«. Wenn nun gerade das Essen serviert worden ist und das Timing ungünstig ist, dann sollte man wenigstens ganz, ganz leise beim Genuss seines Gerichts sein.

Fotografieren: Wenn es um das Fotografieren von Menschen geht, signalisieren Sie bitte, ob dies okay ist, und verzichten Sie im Zweifelsfall lieber auf ein Bild. Bedenken Sie, wie viele Touristen durch Viertel wie die Alfama streifen und dass meist keine Beziehung zu den doch deutlich ärmeren Bewohnern besteht. Respekt und Sensibilität im Auftreten sind da sehr wichtig.

Höflichkeit generell: Von der einst beeindruckenden Höflichkeit der Portugiesen ist in letzter Zeit nur wenig üb-

Klima (Mittelwerte)

	Januar	Februar	März	April	Mai	Juni	Juli	August	September	Oktober	November	Dezember
Tages-temperatur	14	15	17	20	21	25	27	28	26	22	17	15
Nacht-temperatur	8	8	10	12	13	15	17	17	17	14	11	9
Sonnen-stunden	5	6	6	8	9	11	11	11	8	7	5	5
Regentage pro Monat	15	12	14	10	10	5	2	2	6	9	13	15
Wasser-temperatur	14	14	14	15	16	17	18	19	19	18	16	15

rig geblieben. Bei den Haltestellen von Straßenbahnen und Bussen bildet man eine Schlange und lässt die, die zuerst gekommen sind, auch als Erste einsteigen. In den Straßenbahnen sind vorne die roten Sitzplätze für besonders bedürftige Menschen reserviert. In Lissabon leben sehr viele alte Menschen, die nicht selten zu scheu sind, für ihr Recht einzutreten. Es ist eine aufmerksame Geste, denen, die schwächer und bedürftiger sind, den eigenen Sitzplatz anzubieten. Es ist üblich, in den Straßenbahnen vorne einzusteigen, und möglichst hinten geht's wieder hinaus.

Restaurant: Man wartet im Restaurant, bis man zum Tisch geführt wird. Dort bekommt man üblicherweise ein »couvert« (z. B. Brot, Butter, Oliven etc.). Es ist keine Aufmerksamkeit des Hauses, sondern erscheint mit auf der Rechnung. Je nach Restaurant und Appetithappen kann dies durchaus üppig ausfallen. Berechnet werden darf nur das, was verzehrt wird. Wenn Sie das »couvert« nicht möchten: Lehnen Sie es höflich ab, wenn der Kellner damit kommt.

Sicherheit: Lissabon ist eine sichere Stadt. Das Problem sind vor allem Taschendiebe, primär in den Straßenbahnen Nr. 15 (nach Belém) und 28. Tipp: Es wird in der Regel nur die Geldbörse gestohlen. Kreditkarten, Ausweise sowie größere Mengen Bargeld sollte man daher anderswo verstauen oder im Hotel lassen. Auch Fahrkarten gehören nicht in die Geldbörse, damit die Diebe nicht sehen, wo diese sich während der Fahrt befindet. Brustbeutel sind sicher, seine Handtasche sollte man immer im Blick haben, auch im Restaurant.

Im Falle eines Diebstahls wenden Sie sich an die Polícia de Segurança Publi-

ca (PSP, Esquadra de Turismo, Praça dos Restauradores – Palácio Foz, Tel. 2 13 42 16 23, E-Mail: lsptur@psp.pt, tgl. 24 Std., auch deutschsprachig).

Reisewetter

Lissabon hat zu jeder Jahreszeit seinen eigenen Reiz. Im Frühjahr (Feb.–Mai/Juni) blühen viele Pflanzen. Der Sommer kann sehr heiß sein (35 °C und mehr), und im August schließen viele Restaurants und Geschäfte. Der Herbst ist meist mild und warm. Regen gibt es hauptsächlich in den Wintermonaten (Dez.–Feb.). Aber auch im Winter kann es sonnig-klar sein, mit strahlendem Licht und leuchtenden Farben.

Stadtführungen

Drei Möglichkeiten, Lissabon zu entdecken: Lisbon Walker (www.lisbonwalker.com/willkommen.html), www.luaverde.com (Thematische Stadtspaziergänge) und Lissabon per Tuk Tuk über www.tuk-tuk-lisboa.pt/index_de.html bzw. www.ecotuktours.com.

Telefon

VORWAHLEN

D, A, CH ▶ Lissabon 00 3 51
Portugal ▶ D 00 49
Portugal ▶ A 00 43
Portugal ▶ CH 00 41

Es gibt drei große Mobilfunkanbieter: Optimus, TMN und Vodafone.

Trinkgeld

Angesichts sehr niedriger Löhne ist es eine schöne Geste, in Restaurants und Cafés ein Trinkgeld von 10 % zu geben. Wenn der Service langsam und lustlos ist, hat das oft mit schlechter Bezahlung und schlechten Arbeitsbedingungen zu

tun. Auch Taxifahrer und Hotelperso-
nal freuen sich über ein Trinkgeld. Die
Beträge liegen im Ermessen des Einzelnen, auch in punkto Zufriedenheit.

Verkehr
BOOTSTOUREN

Mit dem Segelboot auf dem Tejo: www.
leaoholandes.com oder: www.velatejo.
com/Passeios-Vela-Tejo.aspx. Ein brei-
tes Angebot an Ausflügen auf dem
Tejo, auch bei Nacht, bieten **Lisboa Vista do Tejo** www.lvt.pt/index.php und
Cruzeiros no Tejo www.cruzeirostejo.
com. Die billigste Bootsfahrt: per Fähre
vom **Cais do Sodré** nach **Cacilhas** 🔟
für 1,20 €. Die Fahrt dauert nur knapp
10 Min., lohnt aber auf jeden Fall. Vom
ablegenden Schiff aus entfaltet sich das
Panorama Lissabons wie ein Fächer.
Jahrhundertelang haben Reisende die
Stadt auf diese Weise zum ersten Mal
gesehen (www.transtejo.pt).

FAHRRAD

Es gibt mehrere Fahrradverleihstatio-
nen in Lissabon (ca. 36 km Radwege):
– Für Radtouren am Parque das Nações
und Tejo: www.tejobike.pt (Parque das
Nações, beim Portugal-Pavillon)
– Verleih und geführte Touren: www.
bikeiberia.com (Largo Corpo Santo 5,
Nähe Cais do Sodré)
– Verleih und sieben geführte Touren mit
e-Bikes: www.rent-a-fun.com (Rua Cais
de Santarém 34, Alfama)
– In Sintra mit besonderem Konzept: per
Rad zu den Parks der Schlösser, z.B. Mon-
serrate. Auch geführte Touren: www.parke
bike.com (Praça da República 28, Sintra)
– In Cascais: kostenloser städtischer Fahr-
radverleih »BiCas«, u.a. am Bahnhof von
Cascais (rund 13 km Radwege)

MIETWAGEN

Es ist eine Herausforderung, sich im
Zentrum Lissabons mit dem Mietwa-
gen zu bewegen, auch weil es viele Ein-
bahnstraßen gibt, die Straßen oft steil
sind und Parkplätze rar oder teuer.

ÖFFENTLICHE VERKEHRSMITTEL
Metro und Bus

Das Tagesticket »Bilhete 24 h« für 6 €
gilt 24 Std. für Metro und Carris. Man
bekommt es in den Metrostationen am
Schalter oder an Automaten, oberirdisch in einzelnen Geschäften mit dem
Zeichen »Carris MOB« oder »Pay-
shop«. das Unternehmen Carris (www.
carris.pt) betreibt Busse, Straßenbahnen und historische Aufzüge. Ein Ein-
zelticket für die Tram kostet 2,85 €.
Das Metronetz (www.metrolisboa.pt.),
ab 1955 gebaut, besteht aus vier farblich
gekennzeichneten Linien: Blau, Grün,
Rot und Gelb. Die Metrostationen sind
meist mit handgemalten Kachelbildern
portugiesischer Künstler, aber z.B. auch
von Friedensreich Hundertwasser (Oriente) geschmückt. Die Metro fährt zwischen 6.30 und 1 Uhr. Es gibt meist zwei
Eingänge, einer davon ist häufig ab
21.30 Uhr und am Wochenende geschlossen. Die barrierefreien, mit Aufzügen ausgestatteten Stationen sind auf
den Übersichtskarten mit einem Symbol gekennzeichnet. Ein Großteil der
Carris-Busse verfügt über eine Rampe.

Straßenbahnen, Kabelbahnen und Aufzüge

Zu den Highlights eines Lissabon-Be-
suchs gehören die Fahrten mit den Ka-
belbahnen (»elevadores«), dem Aufzug
Santa Justa und den historischen Straßenbahnen 25 (Alfandega bis Prazeres,

nur Mo–Fr), 28 (Martim Moniz oder Graça bis Estrela oder Prazeres) und 12 (Praça da Figueira). Seit September 2013 gibt es eine kostenlose Verbindung mit zwei modernen Aufzügen von der Baixa auf den Burghügel. Die erste Etappe verläuft zwischen Rua dos Fanqueiros (Nr. 170–178) und Rua da Madalena (Nr. 147–155), die zweite vom nahen Largo Adelino Amaro da Costa zum Mercado do Chão de Loureiro mit seiner Aussichtsterrasse und dem Übergang zur Rua Costa do Castelo.

TAXI

Die Taxis sind schwarz mit minzfarbenem Dach oder einheitlich cremefarben. Man kann sie auf der Straße stoppen oder über die Zentrale bestellen. Der Preis wird am Taxameter angezeigt. Eine Fahrt von etwa 5 km innerhalb des Stadtgebietes kostet etwa 9 €. Für Nachtfahrten und am Wochenende gelten andere Tarife.

Zeit

In Portugal gilt die Westeuropäische Zeit (MEZ minus 1 Std.).

Zoll

Reisende aus Deutschland und Österreich dürfen Waren abgabenfrei mit nach Hause nehmen, wenn diese für den privaten Gebrauch bestimmt sind. Gewisse Richtmengen sollten jedoch nicht überschritten werden (z. B. 800 Zigaretten, 90 l Wein, 10 kg Kaffee). Weitere Auskünfte finden Sie unter www.zoll.de und www. bmf.gv.at/zoll.
Reisende aus der Schweiz dürfen Waren im Wert von 300 SFr abgabefrei mit nach Hause nehmen, wenn diese für den privaten Gebrauch bestimmt sind. Tabakwaren und Alkohol fallen nicht unter diese Wertgrenze und bleiben in bestimmten Mengen abgabefrei (z. B. 200 Zigaretten oder 2 l Wein). Weitere Informationen finden Sie unter www. zoll.ch.

Entfernungen (in Minuten) zwischen wichtigen Sehenswürdigkeiten
*mit öffentlichen Verkehrsmitteln

	Mosteiro dos Jerónimos	Castelo de São Jorge	Casa do Alentejo	Torre de Belém	Museu Calouste Gulbenkian	Museu Nacional do Azulejo	Elevador de Santa Justa	Jardim Tropical	Sé Patriarchal	Praça do Comércio
Mosteiro dos Jerónimos	–	20*	75	15	35*	45*	75	25*	90	60
Castelo de São Jorge	20*	–	45	90	90	35*	30	90	15	30
Casa do Alentejo	75	45	–	90	20*	35*	30	60	30	45
Torre de Belém	15	90	90	–	35*	45*	60	20*	75	45
Museu Calouste Gulbenkian	35*	90	20*	35*	–	90	30*	30	75	35*
Museu Nacional do Azulejo	45*	35*	40*	45*	90	–	45*	25*	45*	50*
Elevador de Santa Justa	75	30	30	60	25*	45*	–	75	30	15
Jardim Tropical	25*	90	60	20*	30	25*	75	–	75	75
Sé Patriarchal	90	15	30	75	75	45*	30	75	–	15
Praça do Comércio	60	30	45	45	35*	50*	15	75	15	–

Literarische Streifzüge durch die Welt –
mit beliebten Autoren die schönsten Regionen
und Metropolen entdecken.

MERIAN

erzählt

MERIAN
erzählt
Toskana

MERIAN
erzählt
Mallorca

MERIAN
erzählt
Berlin

MERIAN
erzählt
Paris

MERIAN
erzählt
München

Hoffmann und Campe

ORTS- UND SACHREGISTER

Wird ein Begriff mehrfach aufgeführt,
verweist die **fett** gedruckte Zahl auf die Hauptnennung.
Abkürzungen: Hotel [H] · Restaurant [R]

Liebe Leserinnen und Leser,

vielen Dank, dass Sie sich für einen Titel aus unserer Reihe MERIAN *momente* entschieden haben. Wir wünschen Ihnen eine gute Reise. Wenn Sie uns nun von Ihren Lieblingstipps, besonderen Momenten und Entdeckungen berichten möchten, freuen wir uns. Oder haben Sie Wünsche, Anregungen und Korrekturen? Zögern Sie nicht, uns zu schreiben!

Alle Angaben in diesem Reiseführer sind gewissenhaft geprüft. Preise, Öffnungszeiten usw. können sich aber schnell ändern. Für eventuelle Fehler übernimmt der Verlag keine Haftung.

© 2014 TRAVEL HOUSE MEDIA
GmbH, München
MERIAN ist eine eingetragene Marke der
GANSKE VERLAGSGRUPPE.

TRAVEL HOUSE MEDIA
Postfach 86 03 66
81630 München
merian-momente@travel-house-media.de
www.merian.de

BEI INTERESSE AN MASSGESCHNEIDERTEN MERIAN-PRODUKTEN:
Tel. 0 89/4 50 00 99 12
veronica.reisenegger@travel-house-media.de

BEI INTERESSE AN ANZEIGEN:
KV Kommunalverlag GmbH & Co KG
Tel. 0 89/9 28 09 60
info@kommunal-verlag.de

1. Auflage

VERLAGSLEITUNG
Dr. Malva Kemnitz
REDAKTION
Richard Schmising
LEKTORAT
Ewald Tange, tangemedia, München
BILDREDAKTION
Tobias Schärtl
SCHLUSSREDAKTION
Ulla Thomsen
HERSTELLUNG
Bettina Häfele, Katrin Uplegger
SATZ/TECHNISCHE PRODUKTION
Ewald Tange, tangemedia, München
REIHENGESTALTUNG
Independent Med en Design, Horst Moser,
München (Innenteil), La Voilà, Marion
Blomeyer & Alexandra Rusitschka, München
und Leipzig (Coverkonzept)
KARTEN
Gecko-Publishing GmbH für MERIAN-
Kartographie
DRUCK UND BINDUNG
Firmengruppe APPL, aprinta Druck, Wemding

Ein Unternehmen der
GANSKE VERLAGSGRUPPE

PEFC
PEFC/04-32-0928

LISSABON GESTERN & HEUTE

Heute ist die **Praça do Comércio** (▶ S. 65) ein Ort der Muße. Man lässt die Seele baumeln und genießt von den Terrassen den Blick auf den Tejo. Vor mehr als 250 Jahren war der prachtvolle Platz ein Ort dramatischer Verwüstung. Dem Erdbeben vom 1. November 1755, dem schwersten Beben in Europas Geschichte, folgte ein verheerender Tsunami. Der Königspalast am Tejo wurde zerstört, ebenso die Baixa. Die Menschen, die sich hierher geflüchtet hatten, wurden in die Fluten gerissen.